共に生きる

3.11から10年 「福島の子どもたちを守る会・北海道」の歩み

NPO法人
福島の子どもたちを守る会・北海道

INDEX

はじめに

　2011年3月11日午後2時46分。M9の巨大地震が発生し、東日本が、大きな津波に飲み込まれました。

　さらに、以前から危惧されていた震災時の原発事故が発生、東京電力福島第一原子力発電所において、原子炉が次々と炉心溶融、爆発、大量の放射性物質を環境に放出するという最悪の事態に陥りました。

　原子力緊急事態宣言が発令され、原発から10㎞、20㎞、30㎞…と時間を追うごとに避難指示や帰還困難地域が指定されていきました。多くの市民、とりわけ親子が原発から遠くへ避難しました。

　日本は地震大国であるにもかかわらず、54基もの原発建設を許してきました。

　贖罪の想いもこめ、夏休みなど長期休暇に福島から子どもたちを招いて放射性物質から一時避難してもらうことを目的に「福島の子どもたちを守る会・北海道」を結成しました。2011年6月11日のことです。

　あれから10年。新型コロナウィルスの拡大で延期にはなったものの、2020年東京五輪は、東日本大震災からの復興五輪と位置付けられていました。避難指示が次々に解除され、帰還が勧められていますが、除染で出た土や原発から毎日出る汚染処理水の行き場はなく、汚染土は道路工事に使用したり、汚染水は海洋投棄が計画されたり、汚染を一層広げかねない状況です。また、放射線量が下がっている場所もあるものの、近づくこともできない高線量の箇所もあり、廃炉作業は遅々として進みません。原子力緊急事態宣言は発令中です。今も3万人以上が、故郷から離れて暮らしています。

　「終わっていない！」「忘れない！」守る会は、この間の活動を記録し、次世代へ継承する一助にしたい、普通の市民が、福島の子どもたちのために模索しながら歩んできた足跡を残したい、と考えました。

　保養に参加された方、会に賛同くださった方、ボランティアの方など68人から、メッセージをいただきました。紙幅の都合で、メッセージの掲載は一部の方に限らせていただきましたが、2000を超える団体、個人の方に支えていただいた10年でした。

　福島の皆さま、保養支援に関わってくださったすべての皆さまへ感謝をこめ、この記録をお届けします。

NPO法人「福島の子どもたちを守る会・北海道」
文責／理事長　山口たか

2011年

　はじまりは、6月1日に、福島県天栄村から札幌に避難されてきた、矢内一家との出会いです。元・養護教諭だった矢内幸子さんのもとには、教え子や保護者から、放射能の影響を心配するメールが何通も届いているとのこと。泉かおり、矢内幸子、長女・矢内怜、山口たかの女性4人が額を寄せ合い、被ばくの低減のために夏休みに、福島の子どもたちを北海道に招くことを決めました。

　出会ってから10日、6月11日に「福島の子どもたちを守る会・北海道」は結成されました。共同代表は泉かおり、矢内幸子、矢口以文・北星大学名誉教授。

　夏休みまで時間がない、お金がない、宿泊場所もない。無謀といわれながら、友人、知人、組合、行政などに支援を訴えたところ、支援の輪がどんどんひろがっていきました。北海道と札幌市、北海道新聞他から助成金も支給され、30家族を招くことができました。参加者の募集は矢内代表と繋がる方たちへのメールを利用しました。

　宿泊は、定山渓温泉グランドホテル、札幌市役所職員共済組合・渓流荘、ニセコココンドミニマム、個人の方の別荘…また、蘭越町から、キャンプ場・雪秩父温泉の提供を受け、町長が子どもたちにメロンを差し入れてくださいました。札幌市滝野自然学園には、ミュージシャンの大黒摩季さんが、子どもたちの激励にいらっしゃいました。

　さらに、豊平区の歯科医院跡をオーナーが無償で提供してくださり、「守る会」事務所兼矢内一家のリサイクルショップ Balo（バロ）を開設することができました。歯科のレントゲン室には、寄付で購入した放射能測定器を設置し、市民放射能測定所がスタートしました。

　手探り、試行錯誤、寝食を忘れて取り組んだ日々でした。

「どうしよう」それぱかり考えていた

横山 知加

須賀川から
保養に参加

震度六強の地震、道路のマンホールが浮き小学校の校舎は崩れ校庭は子供達の目の前で大きく陥没しました。そこに重なる原発事故を海外の妹から聞きました。「外に出ないで」すぐには理解できず日本のテレビに映し出されたのはその後でした。子どもたちを地下室に、でもいつまでと不安でした。「子どもたちを連れて避難しなさい」と母に言われ避難するも、被曝している私たちは県境で検問、避難所で検査、子どもたちはもういいよと隣県のスーパーの駐車場でガソリンもなく毛布にくるまり夜を明かしました。

「どうしよう」それぱかり考えていた中、守る会の皆様のおかげで、普通の青い空の澄んだ空気の中、自由な穏やかな時間を取り戻すことができました。

現在、中学校で毎日「男塾」と称すトレーニングを行っています。震災当時の成長期に外に出なかったことで、際立って体力がない子どもたちの姿があります。

大切な思い出、出会い。子どもらしい時間を取戻させていただき感謝しています。今も変わらぬ皆様の見守り有難うございます。

保養ボランティアをしてみて

高田 道雄 (理事)

人生初めてのボランティアで、西も東もわからず、生活クラブの経験豊かなスタッフの手ほどきを受けながら、バタバタと、無我夢中でやってきた、というのが、正直な感想。

当初は蘭越町（私が住んでいるところ）で、毎年、春と夏に、保養キャンプをしてきたが、予算やスタッフのやりくりやらで、難しくなり、6年ぐらいで、終了となった。まあ、いろんな事があった。子どもの病気やケガで夜中に病院まで車でよく走った。当初のころは、苫小牧〜仙台のフェリーで往復していた。帰りは必ず、苫小牧のフェリー埠頭まで、見送りに行っていた。船が動き出してから見えなくなるまで、お互いに手を振ったり、叫んだり、ライトを振りまわしたり、なかなか、つらいものがあった。ある年の春

保養の時、丁度、帰りの日、天気が大荒れで、飛行機、フェリーが、2〜3日止まった。急ぎの家族は、列車の乗り継ぎで急遽帰ることになった時、札幌駅まで見送りに行った。ある小学生の男の子が、「帰りたくな〜い!!」と、泣き叫び、窓にへばりついていたっけ。いもを掘り過ぎて、農家のおばさんにおこられたっけ。保養のお母さんや子どもたちから、逆に励まされたこともたびたび―。

何も終わっていない福島。保養キャンプはまだまだつづく。

あれからもう10年…
中島 圭子

このような状況の中、皆さんは如何お過ごしだろうかと案じております。

泉かおりさんとは、それまでに一度か二度しか会ったことがありませんでした。ある日仕事が終わって帰ろうとした時、携帯電話に留守電が入っていました。「今日会議をするから来て下さい!」。「来て下さい。」と言うよりは「絶対来なきゃダメ!」という雰囲気でした (笑)。最初の保養は、キャンプ場。本当に手探り状態でしたね。

この10年、たくさんの思い出が走馬灯のように過ぎっていきます。私にとっては、様々な貴重な体験をする機会となりました。

そして、またいつか笑顔で会える日がくることを信じています。

出会い
幡野 良子

守る会との出会いは、2011年7月末仙台空港再開の日、泉かおりさんからの一本の電話から始まりました。

ちょうど私は親戚の子の様子を見に仙台に滞在中でした。

福島から北海道へ保養に来ている子どもたちのボランティアに入れないか? 内容は滞在生活全般に対する支援がメインとの事でした。

あれからもうすぐ10年、子どもたちの笑い声や元気に走りまわる姿、また悲しみをたたえ穏やかに話し始めるお母さん達、そのどれもが大切な出会いです。

はじめての保養
新谷 義人 (運営委員)

第1回目夏保養実施するにあたって、受け入れ準備の諸項目が一時どうなるかと思いましたが、ボランティアの協力で準備ができました。

保養は、7月25日に郡山駅に迎えに行き、最初の参加者が14時30分ごろ到着して安心しました。郡山を15時15分に出発し、福島駅へ。高速道路で仙台港に18時20分到着しました。19時ごろ11世帯34名の親子が乗船して各寝室に入室しました。

19時40分仙台港を苫小牧港に向かって出航しました。翌日、苫小牧港着後12時20分に出発し、定山渓グランドホテル14時到着

後、ガイダンスを実施し夕食交流会を開催しました。自己紹介や歌で盛り上がりました。

7月27日からは自由行動、野外での保養日程を実施し、7か所を数日ずつ宿泊しながら移動。28日間、みんなリフレッシュが充分に出来たのではないか、と思います。

8月21日札幌を出発し、苫小牧港から仙台港へ22日に到着。福島〜郡山まで送りましたが、最終地郡山で別れる時はなんとも悲しい気持ちになりました。心に余裕がなかったことを反省し、次回は参加者に対して楽しく対応しなければならないと思った初めての保養受け入れでした。

真実を知って、子どもを守る。
まだまだやめるわけにはいきません！

さっぽろ市民放射能測定所はかーる・さっぽろ 代表　富塚 とも子

　さっぽろ市民放射能測定所はかーる・さっぽろは、「福島の子どもたちを守る会・北海道」の測定部門として2012年5月に活動を始めました。当時、「福島子ども・北海道」の事務所であり、豊平区西岡地域のお茶の間として多くの方が集まるコミュニティカフェ Balo の一角に測定器を置き、北海道の子どもたちを始め、移住や保養で北海道にやって来る子どもたちにより安全な食品を食べてもらいたいと、北海道産の食品を中心に測定をすすめました。2012年暮れのクリスマス会で、福島市から避難移住してきた小学校1年生のUちゃんが描いてくれたかわいいイラストの言葉「みんなのために頑張ってください。はかーるさん」は、今も測定スタッフの心を励ましてくれています。

　スタッフには測定の専門家はいませんでしたが、「真実を知りたい。真実を知らせたい」という一途な思いで、高木仁三郎市民科学基金や北海道大学環境大学院の渡邊先生の支援を受けながら、測定スキルを含め機器の測定精度を上げる努力を重ねてきました。

　2013年には、「福島子ども・北海道」から独立してコミュニティカフェ Balo の経営と測定所の運営をすることになりました。しかしながら、昨今の新型コロナウイルスの影響で、コミュニティカフェ Balo は2020年10月に閉店し、はかーる・さっぽろは札幌市西区に移転しました。

　震災から10年が経ち、放射性物質による環境汚染への関心は薄れています。しかし、セシウム137の半減期はおよそ30年です。汚染は驚くほど低減しないのです。いまも、東日本16都県の放射能汚染を受けた山菜やきのこからは数万 Bq/kg を超える放射性セシウムが検出されます。

　子どもたちが安心して暮らせるようになるその日まで、はかーる・さっぽろは活動を続けていきます。これからも、どうぞよろしくお願いいたします。

測定済みの食材を保養に

放射能測定器

守る会から紡がれたもの

お寺を保養場所として
提供していただいた

大乗寺住職　打本 大志

　コロナ禍の現在と、10年前。どこか重なると感じる。それは見えないものへの不安と恐怖。それに伴う分断、誹謗中傷の連鎖。

　今夏、震災を機に親しくなり、行き来するようにもなった福島に住む友人が「〇〇に住んでいるやつは来るな…と言う言葉を耳にするたび、10年前を思い出して辛く、悲しくなる…」と呟いた。

　その友人から「いつでも何の心配もしないで、そっちで息苦しくなったら家族で手ぶらでこっちに来い。」と連絡がきた。こんな温かな安心できる言葉をかけてくれる友人との縁を紡いでくれたのは「福島の子どもたちを守る会・北海道」の活動と繋がりであった。

　ここ数年は個人的に保養活動を行っていたが、滞在家族の多くが「守る会」と何かしらの繋がり、縁がある事に驚いたが、それは活動当初より見えない不安に対して分断を生まないよう、誰も取り残さないように熟慮し、活動してきた繋がりが広がっていたからなのだろうと痛感する。

　10年という歳月。またコロナやオリンピックで放射能、原発事故からの不安は社会からかき消され、他人事となってしまっている気がする。ひとりも残さず、誰もが安堵して過ごせるようになるまで、保養をはじめ、紡がれた活動を私も紡ぎながら続けていきたいと思う。

北の国から平和の祈り

林 恒子

　第五福竜丸がビキニ環礁で死の灰を浴びたのは、私が大学に入学した年でした。その夏、札幌でも原水爆実験反対の署名活動が行われ、私も街頭行動に参加しました。8月6日大通公園や薄野・狸小路での活動の結果は、署名16,000、カンパ17,000円でした。

　北海道ノーモアヒバクシャ会館建設運動にも参加してきましたが、チェルノブイリ原発事故後の子どもたちの転地療養活動に、旭丘高校の司書の方が中核となって取り組

まれたことを全く知らなかったのは不覚でした。福島の子どもたちの転地療養には少し協力を、と思いましたが、車のない高齢者に八剣山麓は厳しく、少々のカンパをお送りするのみです。せめてこの夏「北の里から平和の祈り・ノーモアヒバクシャ会館ものがたり」というタイトルの絵本をお送りします。反核・平和の志を寄せ合いましょう!!

福島の子どもたちを守る会
北海道

《 ニュースレター 》
2011 年 秋

共に生きる

ご あ い さ つ

今日サマーキャンプの写真をあらためて見ました。

おいしいごちそうに釘づけの目線になってる子、とびっきりの笑顔の子、来たときより一回り大きくなった最年少の赤ちゃん、愛のあふれるボランティアのみなさま、1カ月のキャンプを懐かしく思い出しました。

全く予期しなかった、この震災後、私はこの会の代表になっていますが、私自身も被災して札幌に避難している身です。日々の不安と恐怖は言い表せないものがあります。それにも増して福島の子どもたちの放射能の影響は。早急に手を打たなければならないと考えておりました。

6月に山口たかさんと泉かおりさん、私の娘の4人で、エルプラザの一室で急速に立ち上げた「福島の子どもを守る会・北海道」。多くの方のご支援とご協力を得て実施できたサマーキャンプは、新しい時代の希望のきざしと感じました。一日も早く安心して家族で暮らせる日が来るように、会の方では今後ともできる限り支援していきます。

共同代表　矢内 幸子

photograph collection

①

親子でサマーキャンプ in 北海道 に参加して

【助成金を頂いた団体】札幌市市民まちづくり活動促進助成事業／カリタス・ジャパン助成事業／東日本大震災支援団体助成（北海道新聞社会福祉振興基金一般助成）／北海道NPOファンド

　額に汗を光らせて、芝生の上を駆け回る子どもたち。手作りの弓矢遊びに熱中する男の子。色とりどりの花を摘み腕輪にする女の子。放射能の影響を少しでも減らすため、子どもたちを屋内に閉じ込める日々が続き、忘れていた子ども本来の姿でした。

　4週間の北海道滞在で、子どもたちは見違えるほどに逞しくなりました。小麦色に日焼けし、おいしい地元の食材を使った食事をたくさんいただいて、皆ひと回りふた回り大きくなったようです。子どもたちにとってのひと夏がどれほど大きいか実感しています。彼らにとって、この夏休みは一生忘れることのできない宝となりました。

②

子どもだけではありません。北海道に行って気がついたことは、私たち大人が精神的にどんなに閉塞していたかということです。放射能のホットスポットに子どもが近寄らないよう常にアンテナを張り、窓や戸口を開ける時間は最小限に。スーパーでは地元の農産物が多いため何を買ったら良いのかわからなくなっていました。

このサマーキャンプでは、本当に多くの方々のご尽力をいただきました。ありがとうございました。国もメディアも全て信じられなくなり、暗闇を歩いているような気持ちでおりましたが、北海道の方々の暖かいお心に触れ、また信念に基づいた行動力を直に拝見し、見失いかけていたものを取り戻せたように思います。正直、ここまでしていただいて良いのかと思うこともいく度かありました。しかし、皆様の掛け値なしの真心に接するうち、私たちのすべきことは心身のエネルギーを取り戻し、子どもたちの未来のために前へ進むこと、そのことが皆様へのご恩返しにもつながると考えるようになりました。

福島の戦いは長期戦です。今後とも見守っていただけたら大変心強く思います。さようならパーティーの時、ハグしてくださった方々のぬくもりを、苫小牧港で見えなくなるまで振ってくださったペンライトの明かりを、忘れることはありません。

本当にありがとうございました。

福島市　齋藤 史子

この度は大変お世話になりました。子どもたちも笑顔で北海道での生活を父、祖母に話をしておりました。１カ月という長い期間、子どもたちの生命を守っていただき、身体のみならず心も安らぐことができました。たくさんのかけがえのない方々と出会う機会を与えていただき感謝しております。
（中略）フェリーのなかで、これが郡山への船でなく、これからスタートの船であればなどと思いながら楽しかった日々を思い出しておりました。福島の子どもたちは田舎なので本来自然の四季を体で感じ、豊かな県の恵みをうけて育っています。もしこのキャンプがなければ、子どもたちはプールもない、外にも出られない、きっと休み中、TVの前にいて一度しかない成長期の夏を無駄に過ごしてしまうところでした。それをボランティアさんの愛情を受け、たくさんの刺激、兄弟を得て本当に幸せでした。寝ながら笑っている次男を見て、この幸せが続くよう全力で考えていこうと思いました。まわりにこんな暖かい人々に囲まれているというというのがわかりました。またがんばっていけそうです。

須賀川市　横山 知加

女こどもの 脱原発 アメリカ使節団

9月22日の「原子力の安全性に関する国連首脳会議」のその日に、国連前でデモとアピールをするために、佐藤幸子さん、アイリーン・美緒子・スミスさん、安斎由希子さんと私と、佐藤さんのお子さん2人の、女こどもの脱原発使節団は、9月18日成田空港を発ちました。国会議員や原子力規制委員会への報告会、アメリカで最も権威あるというナショナル記者クラブで記者会見、ラジオインタビュー、一般報告会、人気番組のトム・ハートマンのテレビ番組ににも出演し、訴えたのは、「安全な原発はない。福島の事故から学んで世界中の原発を止めましょう。福島県民の想像を絶する苦しみを無駄にしないでください」ということでした。

武田邦彦さんによると、今年、福島で生まれた赤ちゃんが福島に住み続けると、30歳になった時の積算線量は920mSVだそうです。佐藤幸子さんは、こう語りました。「福島は目に見えない放射能が降り注ぐ戦場です。戦場に子どもたちを置いてはいけないのです」。目をつぶると、私には、福島の子どもたちの上に降り注ぐ放射能の弾丸の雨が見えます。一刻も早く、一人でも多くの子どもたちを戦場から救い出したいと思います。

共同代表　泉 かおり

女川町のおばあちゃんの話

この頃は

大ちな地震がくる度に

こごの原発が

大ちぐ踊るんだがすと

電力会社さんはその度に

頑丈に出来てえるがら

心配ばえらねって

繰り返すんだげっとも　信じられねーす

眼にみえないどごかで　悪いものを

洩らすてえるんじゃねえべがねーす

工場が作られだ時

神主さんがお祓いば　すたんだげっども

祓われだ悪え神様だづが戻ってちて

悪さを始めたんじゃねえばがねーすー

それとも住んでた山を　原発に

ぶっこわされた良え神様だづが　怒って

ただり始めだんじゃねえべがねーすー

金華山さ近え　この美すい所さ

何でこんなあぶねえもんば

作っただんべがねーす

詩集「詩ではないかもしれないがどうしても言っておきたいこと」から
三、故郷のことばで　より
福島の子どもたちを守る会北海道代表　矢口 以文
（北星学園大学名誉教授　詩人）石巻出身

希望

絶望のとなりに

だれかが

そっと腰掛けた

絶望は

となりの人に聞いた

あなたはいったい誰ですか

隣の人はほほえんだ

私の名前は希望です

―― やなせたかし

お願い‼

福島から移住されてきた方に仕事を提供したい、または家を貸すことができるなど情報がありましたら、福島の子どもたちを守る会の方にご連絡ください。

避難したいけれど、引っ越した先で仕事がないなど様々な理由で、できない方もたくさんいらっしゃると思います。

北海道でできることは、本当に微々たるものですが、ご協力できる方、お願いいたします。

会計係奮闘記

「何とかしたい！」という一人一人の思いが多くの賛同金となって集まりました。また、カトリック教会、札幌市などから助成金という形で協力をいただきました。1カ月という長丁場だったサマーキャンプ、経費もたくさんかかりましたが、ボランティアの皆さんの協力も得て何とか賄うことができました。スタッフの皆さんの大変さを見て、もっとも苦手な会計担当をうっかり「やります」と言ってしまったけど、無事乗り切ることができました。ありがとうございました。一日も早く、この大きな不安から解き放たれること、脱原発社会を目指して…。　**津田 祥子**

編集後記

東日本大震災、特に東電福島第一原発の巨大事故に遭遇した福島の子どもたちを放射能から守るために始まった当会です。本当に多くの方のお力で無事サマーキャンプを終えることができました。

季節は早くも初冬のような肌寒さですが、福島へ戻られてから、すでに転居されたご家族もいます。原発の収束は先が見えません。子どもたちに避難の権利を！

キャンプだけでなく、これからも子どもたちのいのちを守るための活動を続けてまいります。賛同くださった皆様、本当にありがとうございました。　**事務局長　山口 たか**

④ ＊福島の子どもたちを守る会北海道＊ 〒062-0034　札幌市豊平区西岡4条10丁目7-2　インテリアギャラリー Balo 内
携帯電話／ 090-6990-5447　メール／ fkmamoru@gmail.com

はじめて食べた! ジンギスカン

2012年

11年冬休み、12年春休み、夏休みと活動は続きました。

6月に「子ども・被災者支援法」が成立。被ばくを避ける権利や、どこに居住するかの選択を尊重することが盛り込まれています。このころから「避難」から「保養」という表現に変えました。

夏休みには60人を超える参加者があり、保養希望が多いことから、保護者の方の被ばくへの不安が伝わってきました。仙台港からフェリーで苫小牧到着。そこからバスで札幌へ。バスも2台、何箇所にも分かれての分宿でした。

また、9月には札幌市さぽーとほっと基金の支援で、札幌・ミュンヘン姉妹都市30年記念のツアーが実施されるドイツ訪問。矢内代表他3名と市役所職員が同行し、ミュンヘン、ベルリン、シュッタットベルゲン、ドイツ放射線防護協会などで意見交換と講演を行いました。ミュンヘン大学では上田文雄札幌市長（当時）にも講演していただき、ミュンヘン市議会では「福島の子どもを守る決議」が全会一致で採択されました。

保養はセカンド・ベストである、被ばくの低減は大人にとっても必要、法人化により資金調達を行い多くの子どもが参加できるようにすべき、などのアドヴァイスをもらい帰国しました。

北海道で経験したことをバネに

川又町から
保養に参加

齋藤 憲子

　2012年3月末から4月にかけて、孫3人とその友達の子、夫との6人でお世話になりました。外国の方の別荘で、それは素敵な一軒家を使わせていただきました。スキー場や札幌ドーム、円山動物園などいつまでもあの思い出が心に残っています。動物園での様子をそちらの新聞に載せていただいたりもしました。お世話いただいた方々の温かな心に接する事も出来、孫たちの今まで、そしてこれからの生き方に一筋の道を示していただけました。

　孫、20歳の長男と16歳の次男は、現在、東京の専門学校に通うため上京し、元気に毎日を過ごしています。12歳になった長女は、地元の川俣中学校に通っています。また大変な世の中が来ましたが、皆様から受けたお心を決して忘れず、北海道で経験した事をバネに頑張っていきます。

　「福島の子どもたちを守る会・北海道」の皆様のご健康と穏やかな日を迎えられます事を祈り、お礼とさせていただきます。

DANKE！

ドイツ語の通訳にして
環境活動家

八剣山果樹園　フュルスト ビアンカ

　"福島"はドイツ人でも皆知っていますが、ほとんどの人が原発事故のことしか結びつきません。私もそうだったかもしれませんが、"福島の子どもたちを守る会"の活動によって、違う連想をするようになりました。

　子どもたちを守る為に何が一番必要かをチェルノブイリの経験から聞きにドイツまで行って徹底的に調べに行った時、私は通訳として"夢を見る勇気"で感動しました。それからは保養施設を作ることに向けての取り組み、皆さんの活動を見て"夢を形にする力"で感動しました。保養事業が始まってからは、原発事故のことは皆の意識から消えたころまで交流プログラムを続ける皆の活動を見て、"社会を変える努力"で感動しました。交流があった時に印象に残ったのは皆の笑顔です。

　"人と人の出会いによる元気づけ"はやっぱり素晴らしいことです。

　感謝いっぱいです。DANKE！

思い切りゆらゆらー果樹園にて

2012年にこんなことを考えていた
― 3·11 あれから一年 ―

小林 俊子（運営委員）

雪が解け庭の水仙が咲き始めた。

夜がまだ明けやらぬうちに夫と二人山菜をもとめて山に向かう。

一昨年までは、山が近づくにつれ気持ちも高揚しわくわくしていたのだが、昨年からは、同じ道同じ景色の、空が青ければ青いほど、緑が深ければ深いほど、悲しみが増す。

福島にも同じように素晴らしい自然があるのに、今も変わらず美しいままあるのに、福島の森や山や川は目には見えない放射能に汚されてしまったのだと思い, くやしくて悲しくてたまらない。

昨年の震災後、現地に赴くこともできず忸怩たる想いをしていた時に、「福島の子どもたちを守る会·北海道」のことを知り、保養の食事作りのお手伝いをしたいと参加した。

夏、冬、春と三期の休みを通して、保養に来たお母さんたちから様々な話を聞いた。

福島の現状は北海道に暮らす私達には考えが及ばないほどに深刻で、情報の規制や検査の制限、友人や家族間でさえ原発反対の意見を言うことができない等々、とても人権が守られているとは言い難い。

夫々の環境の中でぎりぎりの想いを懐き乍ら、やっと保養にくることができた子どもたちとお母さん。はじめのうちは面持ちも硬いがやがて緊張も解け、笑顔が弾ける。私も子どもたちとお母さんから沢山の笑顔を分けてもらい、とても幸せな気持ちになる。

たとえ短い期間でも、地物食材中心の美味しいごはんを沢山食べて、新鮮な空気を胸いっぱい吸い込み、北海道の自然の中で思いっきり遊んでいってもらいたい。

福島での出来事は日本中のどこの原発立地県でおきても不思議ではなく、私達は福島をみんなの身代わりにしてしまったと言えよう。

私は3·11以前、核の脅威を口にしていながら、様々な理由をつけて徐々に反原発運動から身も心も遠のいていた。自分の中に宿っていた安全神話に気づかずにいたことを、後悔している。

子どもたちが本当に安心して暮らすことのできる地球を次世代に引き継ぐ為に、体力と環境のゆるす限り、想いを同じくする人達と力を合わせて、諦めずに、できることをしていこうと思っている。

吉武輝子さんの言葉をお借りして「無数の小さな砂利が集まれば原発という戦車も停めることができる」と信じて。

おいしくて安心なご飯を食べてね

楽しいプール

わたしの子どもたちへ

山田 澄子（運営委員）

2012年の夏、家でパソコン作業をしていると、一本の電話が鳴りました。当時保養活動の中心にいた津田さんからです。福島から夏保養に来た子ども2人に熱があり下痢が止まらないので、保養のバスが真駒内の小児科に着く。病院で待機をして診療が終わったら、定山渓温泉渓流荘に親子2家族を連れて来るようにというのです。地図を見ながら車を走らせました。

この時の子どもたちの体調はすぐれず、他の子どもたちも下痢や熱で、保養中に何度も病院に連れて行きました。お母さんたちの不安は如何ばかりかと思うと保養に関わらずにはいられませんでした。

保養中に泥を体に擦り付けて遊ぶ子をやさしい目で見つめるお母さん。子どもたちの響く声を聴きながらのんびりとお茶を飲み歓談しているお母さん。カンパを寄せてくれる支援の方々。やさしさなど多くを学びました。

保養に関わる仲間がいるから今があります。保養に来てくださるお母さん方の希望は、北海道の美味しい空気と安全な食べ物です。原稿を書きながら「わたしの子どもたちへ」という歌が頭に浮かびます。「生きている君たちが生きて走り回る土をあなたに残してやれるだろうか父さんは…」。

まだまだ活動は続きます。

たかがお菓子、されどお菓子

毎回、おいしいケーキを送ってくださる

福岡スモールバレーデザートカンパニー　板橋 寛子

2011年のあの日からもう10年が経とうとしているのですね。

遠く離れた九州にも大変なことが起こったことがマスメディア等で知らされなにもできず右往左往するだけでした。

いったい東電でも国の責任でもなく

最後は自己責任ということになるのか

というようなこの不条理のなかを生きることにがっぷり四つではできないけど寄り添いたいという気持ちがいつもあります。

たかがお菓子　されどお菓子
ふぅ〜と息を抜いて

そうしてお茶をするとき傍らにちょっと甘いものがある

それでまた次の一歩を踏み出していくのをお手伝いできたら、と思ってます。

福島の子どもたちを守る会北海道

《 ニュースレター 》 2012 年 夏

まもりたい

共に生きる

ごあいさつ

　私たちは東日本大震災で被災された方たち、とりわけ福島第一原発の事故に遭遇された子どもたちやそのご家族が放射能の影響から免れ心身の健康を取り戻すことを支援するため活動しています。

　昨年度は、夏休み・冬休み・春休みに、北海道の札幌周辺で短期保養を実施し、延べ人数約100人の福島の親子が参加されました。

　福島で子どもたちは、放射能が心配で外遊びが思うようにできなかったり、原発事故のゆくえ、食生活等日々の生活にストレスを感じながら暮らしています。北海道のおいしい空気と美しい大自然、大地の豊かな食を楽しんでいただき、親子ともに少しでも免疫力を上げ元気になってもらいたい、そんな願いからこの活動ははじまりました。

　この一年、たくさんの方から物心両面にわたり多くの支援をいただき、無事実施することができました。

　来たときよりも帰るときの参加者の顔色は明らかに良くなり、笑顔が見られるなど保養の効果も実感できました。

　福島の学校では、除染した校庭が再除染になるなど、まだまだ安心して子どもたちが過ごせる環境ではありません。

　また今年の夏休みも短期保養を実施いたします。

　引き続き、皆様のあたたかいご支援・ご協力をお願いいたします。

共同代表　矢内 幸子

　いつもいろいろ援助の手を差し伸べてくださって感謝しています。

　今年の夏も福島から小さな子どもさんも含めて、家族の方々がこられます。

　放射能がさかんに飛びかう地域からの方もおられると思いますが、この方々がみんな空気の澄んだ北海道で、楽しく、健康に、有意義に夏の時間を過ごすことができることを願っています。

　今年も皆さんの温かい援助が頂けるなら、嬉しい限りです。よろしくお願いいたします。

共同代表　矢口 以文　①

photograph collection

親子キャンプ in 北海道

参加の声

少し早く花を咲かせるいわきの3月。外遊びが大好きな2歳の娘は草原に走り、「かわいい！」と言って花を摘もうとしていました。

「だめだよ！」と言う私。出かけるたびにいつも同じことを言っていた自分にイライラしていました。母親失格だな…そんなことを思ったりもしました。

いろんなものに興味がでてきた娘に、したいことをさせてあげられない。それをやめさせている自分が、本当に嫌でした。放射能さえなければ…。

そんな毎日から抜け出せた北海道での春は、最高でした！

娘は、ニセコで毎日、雪に転がり、カマクラつくりをしたり、スキーをしました。

札幌では、初めての野球観戦までさせてもらい、興奮していました。今でも、テレビや新聞を見ては、「あ、野球だ！ おもしろかったね！」と言っています。

また、ボランティアスタッフや、一緒に参加したお兄ちゃんやお姉ちゃんとたくさん遊び、娘は2週間で本当に成長したなと感じます。

この春休みキャンプに参加させていただいたこと、キャンプに携わっているボランティアスタッフさんや多くの方々に本当に感謝し、頭があがりません。毎日の食事、掃除、車の送迎、交通機関の手配など、ありがとうございました。

守る会の皆様がいるから、私たちは、今、元気で生きていられる。

本当にありがとうございました。

福島県いわき市　中根 智美

春休みの保養に参加させていただき、心からお礼申し上げます。特に、さっぽろドームへの招待、本当にありがとうございました。

さっぽろドームの規模のすごさ、そして生（なま）での試合観戦、応援合戦。三人のお兄ちゃんたち（小学5年、4年、1年）も4歳の女の子も飽きずに最後まで喜んで観戦していました。

すばらしいステキな思い出をたくさんいただきました、ありがとうございました。

福島県伊達郡川俣町　齋藤一家6人より

福島各地での夏休み保養相談会報告
「会場は必死な母親たちの熱気で溢れた」

夏休み保養相談会報告 ＊ 幡野 良子 ＊

6月2日二本松、3日伊達、4日福島、5日川俣と行われた保養相談会に参加させていただきました。

生まれて初めて福島県をおとずれました。立ち寄った道の駅には「がんばろう福島」「がんばろう東北」の幟旗が何本もはためいていました。車窓からは、どこまでも緑の帯がつづき、宿泊したホテル近くの二本松神社を歩いてみました。となりのトトロに出てくるような大木に囲まれた境内にたたずみ、なぜこのすばらしいみどりが、なぜ福島がと、お腹の中が熱くなるのを感じました。

二本松、伊達と両会場には北海道から沖縄まで約30団体がブースをつくり、あわせて500組ほどのご家族の皆様に足を運んでいただきました。

福島、川俣は私たち「福島の子どもたちを守る会・北海道」だけの保養相談会でした。どの会場にも子どもたちの被ばくをできるだけ少なくするためにどんな夏休みをおくれるか、自分たちの生活に合った保養先を真剣なまなざしで話されている姿がありました。

また、どの会場にも昨年の夏休み以来、私たち守る会の保養に参加されたことのあるご家族が訪ねてきてくださり、懐かしさとうれしさで胸がいっぱいでした。

この夏、子どもたちがのびのびと元気に外を走り回れるよう、私のできることを丁寧に準備できればと思います。

夏休み保養相談会報告 ＊ 斎藤 碩 ＊

初めて相談会に参加させていただきました。

決して低いとは言えない放射線量の中で、一見何でもなさそうに生活をしている多くのお母さんたちが、実は幼い子どもたちの将来の健康について、以前にも増して心配を募らせていることに胸が痛みました。

また、この相談会を知らせるビラも言葉を選ばなければ配布できないなど、放射能に汚染されている現実を忘れようとしている地元の人たちがいることに驚きました。

我々が企画したキャンプに参加してもらえるのはほんの一握りの親子の筈ですが、繰り返し続けることで少しでも多くの方の心と身体を癒すことが大切なんだと気持ちを新たにする旅でした。

（4ページへ続く）

③

夏休み保養相談会報告 ＊泉　かおり＊

　6月1日、会のメンバー4人と福島入り。アメリカ製の高級線量計 inspector も同伴。相談会の第一日目は二本松に、全国から30の受け入れ団体が結集した。若い家族連れが圧倒的に多く、福島の子どもたちを守る会・北海道主催の保養に参加した家族も顔を見せてくれた。

　二日目は、伊達市。二本松よりもすごい人出で、たとえ一時でも福島を離れたい、何とか保養先を確保したいと願う若いお母さんたちの熱気で息苦しい程。二本松と伊達市二日間で1000人もの人たちが相談会に訪れた。

「保養で北海道滞在中に桜台を見学し、まずは母子避難も考えている」、「事故以来、放射能から娘を守るため、毎日子どもを学校に車で送迎し、給食の牛乳も飲ませなかった。2月までは牛乳を飲まない子には、牛乳代が払い戻されたが、3月からそれがなくなった。牛乳を飲まない子は福島には住むな、出て行けということだと感じた。放射能の不安を共有できる他の親もいなく、一人で学校とやり合った。学校の先生を信頼できなくなったことが一番つら

い」、「ついこの間までは、こんなに保養を希望する人たちはいなかった。学校は何ごともなかったかのように運動会を行い、これからプールも始まる。せめて保養に出したいという親が増えたのかもしれない。新聞の放射能に関する報道の内容が変わり、内部被曝に関する知識が高まったことも影響しているかもしれない。子どもにプールの清掃までさせているのが心配」など、滞在中毎日、必死に現状を訴えるお母さんたち、子どもを守るため孤立しながらも闘うお母さんたち、理不尽な社会の現実にたくさん直面した。

　私は一足先に帰札。飛行機に乗っている間、福島の子どもたちを守る会・北海道の事務所の電話はなり続け、FAX が殺到し、申し込み初日の午前10時には申し込みが150人を超え、その後、他の団体の保養に参加できるようになりました。

会計係奮闘記

　え〜っ‼　50人？　お金はどうするの？　今回で終わりにするの？　お金無くなるよ。継続していくことが大事なんじゃないの？……　熱気に満ちた福島の相談会からの電話に意地悪ばあさんのようにマイナスのことばかり口にしている私。

　この夏キャンプで4回目の親子受け入れ。毎回30名前後で1回のキャンプで400万円〜250万円の経費が必要（動く人たちはすべてボランティアで人件費は一切かけていない）なので、錆びた私の頭の中で電卓が動く。でも、でも…必死に訴える若いお母さんたち、今まで私たちのキャンプで楽しそうに遊んでいた幼い子どもたちの顔が浮かぶ。

　微力なこの会に賛同し、入金を続けてくださる方々がいる。支援者の一覧づくりの作業中、一人一人のお名前を入力しながら「世の中捨てたもんじゃない」と私自身、何度も元気づけられた。そう、なんとかなる。せめて先が見えるまで…。

会計担当　津田 祥子

編集後記

　2月に続いて2回目の福島県下4地域での現地相談会でした。二本松、伊達では1000名を越える若い親子が参加され、体育館のような会場は熱気であふれていました。福島の事故がなかったかのように原発再稼動の動きが強まっているなかで、熱気というより、必死に情報を求め、子どもたちを県外へ出したいという切なる願いがもたらした、熱い想いだったのでしょう。

　国会事故調査委員会は福島原発事故は〝人災〟と認定しました。

　県外へ自主避難した人も、県内に残る選択をした人も、どちらを選んでも、政府・東電から手厚い賠償と支援がなされるべきです。

　そして、すべての人たちが、希望する地域ですごすことができるように、公設の受け入れ施設や避難の権利を確立するために、さらに力を注ぎたいと思うのです。

事務局　山口 たか

＊福島の子どもたちを守る会北海道　〒 062-0034　札幌市豊平区西岡4条10丁目7-2　インテリアギャラリー Balo 内
携帯電話／ 090-6990-5447　　メール／ fkmamoru@gmail.com

④

福島の子どもたちを守る会・北海道

《 ニュースレター 》 2012 年 秋

まもりたい

共に生きる

2012年
夏休み保養を
終えて

今夏も、「親子で過ごす夏休ィン北海道」（保養サマーキャンプ）を実施しました。無事終了したことに関しまして、当会の活動に賛同・支援してくださった方には深く感謝申し上げます。

ご存知の通り、福島の原発事故は終息しておりませんが、福島では通常の生活にもどりつつあります。そんな中で、放射能を心配されている方々、特に子どもがいるご家庭では不安な毎日を余儀なくされています。そのため、今夏の保養は予想以上に希望者が多く、希望者全員に参加いただけなかったことが残念でした。一方、北海道で「放射能の心配の無いところで、思いっきり遊んでほしい」という皆さんの願いが形となり、札幌で、ニセコで、蘭越で、2週間をすごしてもらいました。参加者は60名。生後9カ月の乳児もママと参加し、今年も多くの子どもたちの笑顔を見ることができ、大変うれしく思っています。

この度、私たちの会の活動を紹介にドイツに行って参りました。

福島の事故の後、国が脱原発宣言をしたドイツの方々は、日本以上に原発事故のことについて理解しており、いろいろなアドバイスと勇気を与えていただきました。

「福島の子どもたちを守る会・北海道」では、1人でも多くの子どもたちが元気に笑顔で生活できるようスタッフ一同、知恵をしぼってさらなる努力をしてまいりますので、今後ともよろしくお願いします。本当にありがとうございます。

共同代表　矢内 幸子　①

ドイツ訪問記

　ミュンヘンとベルリンへの訪問は、守る会と福島、私自身にとって実りの多いものとなった。

　放射線防護委員会やBUND、Green Cityなど数多くの市民団体と対談する機会が得られた。どれも市民レベルで政治を動かしていくという意識を強く持っており、具体的な行動（電気使用量パネルの設置や車の排気ガス量色分けステッカー …etc.）が街中で実施されていた。

　脱原発を決定し自然エネルギーに移行している過程でドイツ国民の日常生活は目に新しかった。各学校で省エネの目標を立て、浮いた費用で自家発電ができる自転車置き場を作ったり…、生徒と教師のモチベーションを刺激するような取り組みだ。

　電車内の様子もアナウンスや照明、広告が控えめで静か。原子力発電から徐々に自然エネルギーに変えていこうというサインが窓に貼ってあった。車窓からみえる農村の家々、街の郊外の住宅の屋根には太陽光パネルがのっていた。

　ドイツ講演会、ドイツ訪問を振り返って思うことは、日本の民主主義を見直すために私たちは一市民として自分の意見をみんなと分かち合い議論する場を設け、政治をつくっていくことが大切だということだ。そのことを多くの人に伝えたい。

矢内　怜

「福島の子どもたちを守りたい」—ドイツで訴えた「フクシマ」

なぜ、今、ドイツ講演会？

　8月31日から9月13日まで、当会、矢内幸子代表、矢内怜さん、幡野良子さんとともにドイツを訪問した。今年は札幌市とミュンヘン市が姉妹都市提携をして40年という節目の年。上田市長を先頭に、議会や市民訪問団がミュンヘンを訪問するイベントにあわせ、脱原発に政策を転換したドイツ、特に環境意識の高いミュンヘンで、当会の活動を訴え、市民レベルでの交流をと考えてのドイツ訪問だ。札幌市の「さぽーとほっと基金」で、団体指定寄附による助成をいただき、札幌市市民活動推進担当課の廣川衣恵係長もごいっしょの2週間。ミュンヘン大学、ブラックボックス（ミュンヘン市）、シュタットベルゲン市役所、ベルリン市において4回の講演会を行った他、ミュンヘン日本人会、独日協会、ドイツ最大の環境NGOブンド、ミュンヘン市議会議員、環境研究所、ドイツ放射線防護協会、原発に反対する母の会、グリーンシティ、独日平和フォーラムベルリン、シュタットベルゲン市役所、他多くの団体、市民の方とお会いして、脱原発、医療、子どもの保養、活動資金確保など、多くの示唆に富んだご意見をいただいた。

　ミュンヘン大学とブラックボックスでは、元NHKの記者でミュンヘン在住の熊谷徹氏の「ドイツの脱原発政策」という講演に続き、矢内代表が、福島から札幌へ避難するまで、福島の現状、そして子どもたちの保養活動について講演した。熊谷氏の講演では、ミュンヘン市議会は、保守的なバイエルン州のなかでは数少ない社民党と緑の党の連立与党。チェルノブイリ原発事故がドイツ国民に与えた影響は大きく、そのことが緑の党を育て、今や第二党。緑の党がなければ、ドイツの脱原発政策はなかったということが非常に印象に残った。南ドイツでは、いまだにきのこ類、いのしし肉から4桁のレベルのセシウムが検出されている。原発事故の影響が広域で長期間に及ぶこと、26年経ってもチェルノブイリは終わっていないことを改めて感じた。ドイツで福島原発への関心が高いのはそのようなことが背景にあるだろう。

理解されない日本の政策

ヒロシマ・ナガサキ・そしてフクシマ

　講演後の質疑では、福島原発4号機の危機について知っている方も多く、心配の声があがった。また、ヒロシマ・ナガサキの原爆を経験しているのに54も

2

の原発があること、地震が多いのに原発を推進すること、経済大国日本なのに、子どもたちを避難させない理由、みどりの党が結成されたと聞くが、政治状況はどうなのかなどたくさんの質問が寄せられた。ドイツ倫理委員会は、福島原発事故を受け「エネルギーの決定は社会の価値決定に基づくものであり経済的技術的観点に先行する」と結論づけ、それをうけてメルケル首相が脱原発を決断した。メルケル首相は、それまでは地球温暖化防止の機運に乗じて、発電時にCO2を出さない原発の運転期間を平均12年延長することを決定したが、福島原発事故後の地方選挙で、相次いで緑の党が勝利する結果をみて、方針転換した。原発関係者を入れない倫理委員会を設置することで客観性、第三者性を担保したうえでの決断だ。私は日本では原子力の平和利用と核兵器は区別され推進されてきたこと、いのちより経済性や電力不足が問題とする経済界などについて説明したが、ドイツからみると、日本の対応は理解できないことが多いのだった。

子どもたちの保養活動の意味

ドイツ放射線防護協会会長・セバスチャンブフルークバイル博士から貴重なアドヴァイスをいただいた。博士は、チェルノブイリ事故後、いち早く子どもたちをドイツに招き保養を実行された方で、低線量被曝や内部被曝の問題を長年研究されている。子どもたちの一時避難・保養については医学的な益より、安心できる食べ物があること、ストレス解消、外遊びの大切さなどに意味がある。また、旅の経験が全くない貧しい国からドイツに来てギャップが著しかった、保養の業者がでてきて利益を上げた、賄賂やブラックマーケットができて公正な保養が困難になったなど、保養の意義とあわせ陰の部分につい

ても率直に語ってくれ、我々の活動にも示唆を与えられた。

最後に

ベルリンで訪問した、聖マリアレギナ殉教教会は忘れられない。平和のために闘った人々、反戦活動によって命を奪われた人々を忘れないために建設された。非暴力・平和・弱い立場から世の中をかえていくというメッセージが込められた教会だ。作家の故・小田実さんが、心が萎えたときよく訪れた場所と聞いていたので、私には言葉にならない想いがあった。

昨年3.11まで、「日独平和フォーラム北海道」は、ドイツの良心的徴兵拒否の若者を札幌に受けいれていたが、ベルリンでは、小田実さんの友人で「独日平和フォーラムベルリン」のオイゲン代表が講演会実現のために奔走してくださった。また、徴兵拒否の代替として札幌でボランティア活動に従事した若者にも再会した。人と人の結びつきは財産だとつくづく思う。その他、両手に余る多くのドイツの方、日本人の方のお力で実りの多いドイツ訪問になった。尽力くださったすべての方に心からお礼申し上げます。

山口　たか

あたらしい出会いとおどろきの日々 ─ドイツ

初めてのドイツへボランティアとして同行してきました。

ミュンヘンで訪問した『放射能に反対する母の会』は強く印象に残りました。チェルノブイリ原発事故後、ドイツ政府も福島と同じく正しい情報を出さなかったこと、自分の子どもを守るために始めたこと、他の団体と協働して政治活動へつながっていったこと、23年やってきた一つひとつの小さな積み重ねがメルケル首相の発言「日本の高い技術をもってしても管理できなかった原発を廃止する」に至ったこと、現在約1000人の会員でウクライナのボー

イスカウトと連携しウクライナの病院へお金・人・技術そして設備を援助していることなど、自分の子どもを守るために始めた一人ひとりの思いが大きな力となって政治を動かし、長期間チェルノブイリの子どもたちを支援している。そんなドイツのお母さん方に元気をもらいました。「私たちも年をとったわ、もっと若かったのよ！」、とってもすがすがしく、まぶしいほどの笑顔が印象的でした。

もうひとつ心に残る訪問先は、福島市と交流都市のシュタットベルゲン市です。ミュンヘン市から電車で約40分の古都アウグスブルクか

③

ら車で10分ほどのところにある人口15000人の小さな町です。駅のホームで日本人と思われる方が両手を振って私たちを迎えてくださいました。彼女は『福島県しゃくなげ大使』の勝子・シュミットさんで、30年ほど前、福島県の「若人の翼」という制度でヨーロッパを訪問し、ご主人とめぐり会い結婚し、そのままこの街で生活している方です。

夏休み保養に参加して

　北海道の大自然の中でのびのびと元気に遊ぶ子どもたちの姿を見ると、本来、あたりまえのあるべき姿なのに、福島ではどうしても制限せざるを得ない状況に胸が痛みました。

　縁あって夏休みキャンプに参加することができて娘たちは、さっぽろドームで遊んだり、農園での野菜の収穫、公園での水遊び、円山動物園に行ったりと、さまざまな体験をすることができました。

　たくさん遊び、娘たちは2週間の間に本当に成長したなあと感じています。

　このキャンプに関わっているスタッフの方々はじめボランティアの皆さん、多くの方々の協力と支えに感謝し頭が上がりません。毎日の食事や病院への送迎、交通機関の手配など、本当にありがとうございました。

　福島の子どもたちを守る会の皆様との出会いがあっての、娘たちの楽しい夏の思い出です。すてきな体験、思い出をありがとうございました。

関　恵美

今回の震災では、町をあげて募金活動をおこなったこと等をお聞きし、ここでもたくさんの方々が福島に想いを寄せてくださっていると、胸が熱くなりました。

　勝子さんは私と同じ歯科衛生士、「こんな偶然、あるんですね！」と本当に驚きました。

　私たちは、市の正式訪問団として迎えられ、台帳に自分の好きな言葉と名前を記帳しました。私は「心」と書かせてもらいました。ドイツに来て以来、胸が熱くなることや心を奮いたたされる言葉や活動に出会い、素直に出てきた言葉でした。

　どこの講演会場にもたくさんの在独日本人の方が来てくださり、ドイツ・日本両国からの「これからも太いパイプでつながっていこう」という力強い励ましとエールをいただきました。

　私はこの「福島の子どもたちを守る会北海道」で何ができるのか、何をしたらいいのか考えていました。

　今年の夏休みの保養は、福島からたくさんのご家族をお迎えしました。さまざまな現場に直面し、はたしてご家族に寄り添うことができたのだろうか、そんな悶々とした中でのドイツ行きでしたが、連日たくさんの団体を訪問し、出会いとおどろき、そして明るい希望と元気をいただいた2週間でした。

幡野　良子

編集後記

　当会は2011年夏から4回の保養に取り組んできました。今年の夏は60人と最大の受けいれだったことや幼い子が多かったことから、宿泊場所が二つに分かれたり、プログラムも幼い子用と小学生用と準備したり、初めての経験も多く、反省の多い保養でした。改善点も見えてきましたが、さらにパワーアップして活動が継続できるようドイツでの経験や新たにできたネットワークを活かし体制見直しをしていきます。また保養の意義を再確認し、いつでも、誰でも、来ることができるよう、常設の保養所の確保も視野にいれて今後の取り組みをしていけたらと考えています。福島にとどまる人も転居する人も、それぞれの選択が尊重され十分な支援が受けられるべきです。

　福島の子どもの最善の利益を守ることは、すべての子どもを守ることにつながると思います。これからも、どうか引き続きご支援ご協力をお願い申しあげます。

事務局　山口　たか

2013年

　任意団体としてスタートしましたが、社会的責任の増大もあり、法人の認証を受けることにしました。特定非営利活動法人（NPO）「福島の子どもたちを守る会・北海道」として新たな出発です。矢内代表のドイツ報告会、郡山集団疎開裁判講演会など行いつつ、福島県西郷村、川俣町などの保養相談会に参加しました。

　これまで、宿泊場所を求めて、蘭越町、ニセコ町、などいくつかの宿泊施設を移動しながらの保養でしたが、常設の宿泊施設を望む声がスタッフ、支援者からも大きくなり、検討をはじめました。

　一方で、保養所ができたら、管理人になる、と言っていた、越田清和さんが2月に、泉かおり代表が3月に、それぞれ病魔に倒れ、保養所の実現を見ることなく逝ってしまったことは痛恨の極みでした。

母子避難から7年が過ぎて

藤田 昌子

いわきから保養に参加後、
札幌に避難

　震災から10年、福島の子どもたちを守る会の皆様の活動本当に感謝しております。我が家は母子避難を始めて7年が過ぎようとしています。皆様が、色々な機会にイベントを開いて元気をくださったので、私も子供たちの為にも頑張らねばと今まで頑張ってこられました。また皆様の活動を見ていて、私達も出来ることは協力したいという思いが自然に湧きでて、親子でボランティアに参加させて頂きました。年に数回ですが、皆様に会うのが楽しみで、そして役に立つのが嬉しい日々です。今年はコロナ禍の為なかなかお会いできませんが、今後も出来ることはお手伝いしたいです。

　令和3年度は子供達も高校生になります。守る会でボランティアの皆さんと一緒に小さい子と接した経験により、将来の選択に幼稚園教諭を考え始めました。きっと優しい皆さんとの経験が大切な宝物になったのでしょう。本当に、ありがとうございます。

　今後も我が家の子供達をはじめ、福島の子供達をよろしくお願いします。

書ききれないほどいろいろな事

津田 祥子

　付き添いのボランティアで参加していた時のことです。「お母さん、『放射能』って言ってるよ。」宿舎への帰りの路線バスの中で、当時小学生だった彼は不安そうに母親につぶやきました。何の変哲もない車内アナウンスにこんな反応をしたことに改めて福島原発事故時のそこにいた人たちの混乱、不安、恐怖の大きさを思い胸が痛んだこと、涙がこぼれそうになったことを思い出しました。

　たくさんの思いや不安を抱えながら若いお母さんたち、子どもたちがこの保養にやってきて出会いました。少しでも、少しだけでも、ちょっとの間だけでもゆっくりしてね。そんな思いで関わっていました。

　この会を作ろうと賛同した人たちが初めて集まった時のことも忘れません。十人前後の個性豊かな人たちが一つの「思い」で集まり、その瞬間から走り出しました。毎回いろいろな人たちが様々な場面でかかわって、走り回って、だから書ききれないほどのいろいろな事がありました。

　嬉しいことは、冒頭の少年は高校生になって今ボランティアの一員として関わっているのを目にしたこと。

　最後にこの十年、ここで出逢った何人もの人たちとの無念の別れもありました。

合掌

札幌に避難した人から聞いたこと

森脇 栄一

「当時の公立高校入試合格者発表も放射能が大変高い日だったが変更せず強行した」
「入学後泣いて詫びた教師は1人だけだった」
「学校でマスクしたら危険を煽るとして外すよう強要された」
「父親は政府の放射能は安全だを真に受けて、真夏の暑い日半袖半ズボンでマスク無しで庭の手入れして倒れて病院に運ばれたが急性白血病で急死した」
「未だ放射能汚染を気にする者は隠れキニ・シタンだと批難される」
　こんな中で保養に来ることは大変な圧力を受けてるだろうと思います。

本当によく来てくれました

菅家 みちよ（運営委員）

　私は現在55歳。
　20代半ばに図書館で偶然選んだ小説を読んで、原発に疑問を持ち始めました。それから今まで、自分なりに脱原発の意思表示をしてきました。
　その間、多くの人が止めようとしたけれど止められなかった原発で事故が起きてしまいました。

　守る会にはボランティアとして参加していて、いつの間にか委員になっていました。
　最初、委員の会議や活動をしている間の激しいやり取りに驚きました。そんなやり取りがあっても、何十分間後にはみんな何事もなかった様子。
　今わかるのは、保養をよいものにしたいという気持ちが一緒だからだと思います。みんな一生懸命。
　私もここでは、思ったことを発言しています。

　子育ては楽しいけれどとても大変。その上に、本当はしなくてもいい心配をしなければならない親の苦労。
　かおりの郷にきて外で思いきり遊んでいる子供たちの笑顔。そしてそれを見つめるお母さんの顔。自分の子供が小さい時のがむしゃらに子育てした頃を思います。
　私たちは（遠くまで本当によく来てくれました）という気持ちでかおりの郷で待っています。

 **cooking 保養の時の人気メニュー**

いももち

〈材　料〉

じゃがいも ……	2個（300g）	
バター・醤油 …	適量	
片栗粉…………	30g（約10%）	
塩…………	ひとつまみ	

〈作り方〉

1 じゃがいもは皮をむき、柔らかく茹でる。

2 鍋の水をきり、マッシャーなどでつぶす。

3 粗熱がとれたら、片栗粉を入れ手で良くこねる。

4 好きな大きさに分け、たっぷりのバターで両面を焼く。

醤油をたらし、まわしからめる。熱々を食べる。

だし巻きたまご

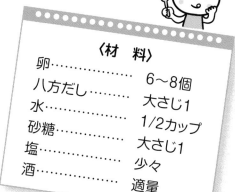

〈材　料〉

卵…………………	6〜8個
八方だし…………	大さじ1
水…………………	1/2カップ
砂糖………………	大さじ1
塩…………………	少々
酒…………………	適量

〈作り方〉

1 卵は卵白を切るようにほぐし、調味料を入れて混ぜる。

2 油を引いたフライパンに卵液の1/3を流しいれ巻いていく。

3 焼いた卵の下にも卵液をいれながら3〜4回繰り返して焼く。

4 焼き上がったら熱いうちに形を整える。火は中火。

　保養の度に様々なところから支援物資が届きます。お米、味噌、卵、マカロニ、無農薬の野菜など、九州からは美味しいお菓子も送られてきます。心から感謝しています。

　献立は事前にざっくりと決めておきますが、頂いた物をいかしてボランティアが調理をします。じゃがいもがいっぱいある時は北海道の郷土料理いももちを

つくりました。

　卵は毎回200個もいただきます。朝の生卵かけごはんは、卵を食べられなかった子もおいしい、おいしいとみんなにつられて食べました。だし巻きたまごもいつも好評です。おいしいと食べてくれてボランティアも励まされます。

NPO法人
福島の子どもたちを守る会・北海道
《ニュースレター》 2013年 初夏

まもりたい

共に生きる

ドイツ訪問
「福島の子どもたちを守る Sapporo アクション!!」
3／7～3／14

昨年の9月にドイツ訪問を経て、今回は2回目の訪問です。

前回の訪問後に札幌市の姉妹都市ミュンヘン市で「福島の子どもたちを守る決議」がされたということへの御礼、保養活動のパネル展の開催。そしてミュンヘン、ブレーメン市でのチャリティーコンサートに出席し、福島の子どもたちへのご理解、ご支援をお願いしてまいりました。

今回は、2度目という事もあって、ドイツの自然エネルギー政策を肌で感じる事ができました。ドイツ風のおとぎ話にでてくるような家の屋根にはソーラーパネルがついていたり、列車から見るおびただしい数の太陽光パネルが立ち並ぶ田園風景。

実は、前回もドイツの自然エネルギーに関しての話は聞いてはいましたが、日本に帰って来て興奮覚めやらずドイツの脱原発のこと、そして自然エネルギーのことを話すと「矢内さんには気の毒だけど、日本は原発はやめられないよ」「いざとなったらドイツはフランスから電気をもらってる」「電気代が値上げされる」といった市民の反応にギャップを感じ、この国では、放射能から子どもを（大人も）守れないのかと力を落としたこともありました。

訪問中、ミュンヘン市議会レナ議員は、ミュンヘン市の男女共同参画、環境衛生局長との対談などを用意してくださいました。人権意識の高さと実際に実現している現状に、ひとに対する愛の深さや誠実さを感じました。

私たちは、「福島の子どもたちの保養」についても、子どもの人権という観点からとらえています。放射能の少ない場所で、安心して生活する権利は当然保障されるべきです。そこに住む人々が人権をどのようにとらえているかで、進む道や選択は大きく変わるのです。経済大国と言われながら人権意識は育っていなかった日本、人権意識というとわかりにくいですが、相手を思いやる気持ち・想像力です。

ドイツのラジオ番組の対談で、私は「夢は北海道に保養所を作ること、自然エネルギー発電所をつくること」と話しました。対談した緑の党の女性議員がこう言いました。「私にも夢があります。あなたの夢が叶う事が私の夢です」若い彼女の暖かく輝く瞳にはうそがなく、とても印象的でした。私たちの一人ひとりのアクションが意識を変えていくと確信しております。

今回の訪問は、札幌市役所市民活動促進課廣川係長・国際プラザの池田次長、通訳コーディネートのビアンカさん、ドイツ訪問の資金援助をしてくださった太陽財団様の暖かいご尽力があり実現したことに、深く御礼申し上げます。

理事長　矢内 幸子 ①

いいただきまーす！ 食べたらまた雪遊び。なんて幸せなんでしょう。笑顔いっぱい。すっごく楽しいねー！ 来てよかったねー！ 大満足の子どもたち、自然と早寝早起きができていました。スキーやかまくら作りで達成感も味わいました。寒い中、一日中遊んでくれたスタッフの皆さんありがとうございました。

震災前は当たり前だった生活ができなくなり、疲れている心と身体に沢山の愛情とパワーをいただきました。

親身に話を聞いてくれたスタッフさん、ありがとうございました。普段は話せないこと、心配していること、すべて受け止めてくれました。そして励ましのことば。何気ない立ち話でも涙があふれるくらい嬉しかったです。

身内でもない私たちに、こんな保養の機会をつくってくれたこと、本当にすごいと思います。皆さんの熱い思いが一つになり大きな力になっていますね。私たちも子どもを、日本を守るためにもっともっと声をあげていかなければならない！ 原発はいらない！ と改めて感じました。母は強し！ の根性で頑張ります。

また、皆さんにお会いできますように！

お土産でいただいたお野菜やお味噌もすごく美味しかったです。

本当にありがとうございました。

愛を込めて♡**生田目恵子**

守る会のみなさん、お元気ですか？

春休み保養では大変お世話になり、ありがとうございました。

とても楽しく、美味しく、伸び伸び過ごすことができました。

たかさん元気かな？ つるよちゃんのご飯は何かな？ 北海道は雪かな？ と、子どもたちも皆さんの名前を覚えていて楽しそうに話しています。今回の保養に参加して、遠く感じていた北海道がとても身近になりました。

毎日、雪まみれになって遊びパンツまでびしょぬれ！ おなかが空いたら、美味しいご飯。安心、安全、とっても新鮮なお野菜に魚、デザートをお腹いっぱ

北海道のみなさん、春休みは大変お世話になりました。

北海道の、どこまでも続く真っ白な景色はとても新鮮でした。子どもたちは北海道はでっかいどー！ と何度もさけんでいました。

美味しいご飯に美味しい空気で心身共にリフレッシュできました。久しぶりに外で思いっきり深呼吸ができました。子どもたちは北海道の美味しい空気を持って帰るんだ、と言ってビニール袋を広げて走り回っていました。そして、水道から出てくる水が飲めるということに衝撃を受けていました。よほど嬉しかったらしく、何度も何度も水を飲んでいました。そんな姿をみていると、いろいろ考えさせられることがあります。

高校生のみんなも、毎日子どもの相手はとても

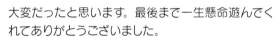

北海道という
大自然のもとで…

　いつも頭の中をよぎる放射線を考えず、きれいな
空気を吸いながら、思い切り自由に初めての雪遊び
を娘に体験させてあげてみたい、そんな願いをこめ、
春休みの保養に参加させていただきました。
　予想通り娘は見たことのない壮大な雪景色に目を
丸くし、初めて触る雪の感触に感動し、気がつくと
目をキラキラ輝かせながら広い銀世界に足跡をつ
けはじめていました。
　雪でお団子を何個も作っては大はしゃぎ。ひとり
でソリに乗って「滑れたー！」と得意げになって嬉し
そうに話していた眩しい笑顔が今でも胸に焼き付い
ています。
　スタッフの皆さまが一丸となって心温かく私たち
をサポートしてくださり、終始安心して過ごすこと
ができたことはこの保養で一番感動したことです。
時には母親のように親身に相談にのってくださった
り、過去の人生経験を話してくださったり、自分の
思いを話す機会を与えていただき、スタッフの皆さ
ま方と繋がりふれあっていくうちに、"私たちは見
放されていない、孤独ではないんだ" ということを
深く感じることができました。
　慈愛に満ち溢れた温かみある環境のもとで、人見
知りで警戒心の強い娘が、保養中に私から離れるこ
とが多くなり、ずいぶん逞しく成長しました。
　母子ともに心の底から癒され、日頃の張り詰めた
生活から開放することができた本当に素晴らしい保
養でした。
　私たちのためにたくさんの方々がこの保養プログ
ラムに思いを込めて、たくさんの労力や時間を使っ
てくださったことと思います。保養に関わった全て
の方々に厚く感謝申し上げます。

大変だったと思います。最後まで一生懸命遊んでく
れてありがとうございました。
　子どもたち、とても嬉しそうでした。たくさんの
暖かい気持ちに支えられてとても楽しく春休みを過
ごすことができました。本当に感謝の気持ちでいっ
ぱいです。ありがとうございました。
　あの日から約2年間、何回も移住を考えました。
でもいまだに決断ができず、今も悩んでいます。
　そんな中、せめて長期の休み中だけでも子どもた
ちを安心できる場所、何の制限もなく、子どもが子
どもらしく遊べる場所に連れて行き、のびのび過ご
させたいと思っていました。なので、今回、北海道
の保養に参加でき、とても嬉しく思います。
　何か、北海道にも実家ができたような感じがして
ます。また、みなさんに会いに行きたいと思います。
　これからもよろしくおねがいします。

　　　　　　　　　　　　　　　　小野さやか

若松尚子 ③

泉かおりさんは、今も私たちと共にいます。

　3月7日、大雪の日、子どもの命をいとおしみ、脱原発、脱被曝を願い続けた一人の魂が、天国へ旅立ちました。東日本大震災、福島第一原発の巨大事故から2年でした。当会共同代表・泉かおりさんの訃報という悲しいお知らせを皆さまにお伝えしなければなりません。

　2011年6月11日、矢内幸子さん、泉かおりさんが中心になって、福島の子どもたちを放射能の少ない地域へ招待しようと立ち上げた「福島の子どもたちを守る会」です。

　1円の立ち上げ資金もないなかで走り出しましたが、予想をはるかに上回る人たちがすぐ、支援に立ち上がってくださいました。睡眠時間を惜しんでの活動は、一方で、感動の日々でもありました。泉さんは、脱原発市民運動の中心を担っていましたが、

当会は脱原発・反原発運動とは一線を画し、子どもの命を守るための活動です。たとえ原発の可否はわからないと考えていても、今の福島の現状を憂いている方はどなたでも賛同していただこうと活動してきました。

　泉さんは、その運動のなかで病に倒れましたが、それでも手術後、福島県二本松市、伊達市での相談会に参加したり、昨年夏のニセコひらふの保養にも加わりました。文字通り、子どものために命をかけた2年間でした。泉さんはもういないけれど、私たちのなかにはしっかり息づいています、長女あかりさんも、春の保養にボランティアとして参加してくれました。泉さんの蒔いた種は、世界中、日本中に飛んでいき、やがて花を咲かせることを信じています。

　4月21日の「偲ぶ会」にご参加くださった皆さま、遠くから、祈っていてくださった皆さま、本当にありがとうございます。これからも、当会を見守っていただきますよう、お願い申し上げます。

山口たか

Memorial Celebration, Sunday April 21st, 2013. Sapporo, Japan
Photo by Yutani-san

NPO法人になりました

　2011年3月11日の大震災がもたらした福島原発事故による放射線から子どもたちを守りたいと、その年の6月にこの会が発足してから駆け足でここまで来ました。

　皆さま方からの賛同金、カンパがこの活動を支えて下さり、これまでに183名の福島の親子を迎え、心身ともに元気を取り戻していきました。ありがとうございます。

　この春の保養受け入れは7組の親子、計18名でした。約2週間で145万円の費用と大勢のボランティアの皆さん、たくさんの差し入れなどで無事終えることができました。

　札幌市から50万円の助成金を受け、その他は皆さまからの賛同金、カンパで賄うことができました。

　4月15日に当会は特定非営利活動法人（NPO法人）として、理事長に矢内幸子、副理事長に矢口以文、山口たか、他理事9名、監事2名で新たにスタートいたしました。現在、この間の活動の経験を生かし継続した活動ができるような組織づくりを進めているところです。（5月が年度末です。総会を経て、次回のニュースで決算報告と活動計画及び予算をお知らせする予定です）

　6月から保養所建設に向けての活動もスタートします。今後もご支援をよろしくお願いいたします。（『原発出前授業』の川原茂雄さんはこの本の印税をすべて保養所建設へカンパして下さっています）

会計担当　津田祥子

＊NPO法人 福島の子どもたちを守る会・北海道＊ 〒060-0808 札幌市北区北8条西3丁目 札幌市市民活動サポートセンター 事務ブース2
携帯電話／090-6990-5447　メール／fkmamoru@gmail.com　URL／http://i-cis.com/fukushimakids/

NPO法人
福島の子どもたちを守る会・北海道
《ニュースレター》2013〜14年 冬版

まもりたい

共に生きる

支援は新たな段階へ

北海道に、福島の子どもたちの 保養所をつくろう!

2014年3月11日で東日本大震災・東京電力福島第一原子力発電所の事故から3年です。

福島ではいまだ10数万人の人が住みなれた地域を離れ避難生活を余儀なくされています。一方、原発の廃炉作業は困難を極め、4号機の使用済み燃料の取り出し作業や、海洋に溢れる放射性物質に汚染された水に、多くの人々が不安を抱いています。

事故当初は、大きな支援がありました。しかし時間の経過とともに人々の記憶のなかで震災と原発事故は風化しつつあります。事故は収束していないにも係らずです。当会は、震災で被災された方たちのなかでも原発事故に遭遇した福島の方たちの夏休みなど長期休暇での保養の受け入れに取り組んできました。しかし、このような状況だからこそ、今後長期にわたる支援活動を確かなものにするための新たな段階にきていると、3年を経て感じています。福島の方たちが、希望

する時に、希望する期間だけ保養ができる場が必要です。6月3日、沖縄久米島の福島の子どもたち常設の保養所「球美の郷」理事長・ジャーナリスト広河隆一さんを講師にお招きし、記念講演会を行い「北海道に保養所を」プロジェクトをスタートさせました。

現在、保養所へのご寄付の達成率は、目標の2000万円まで65%ほどとなっています。貴重なご遺産を寄付してくださる方、社員の皆さまのカンパを継続してくださる企業の皆さま、高校の生徒会、ライヴや演劇の収益を寄付してくださるミュージシャンや劇団の方々、その他、多くの皆様の、愛と汗があふれた、募金です。本当にありがとうございます。作家の小田実さんが、阪神大震災の時、被災者の財産への補償を認めなかった政府の対応に憤って「この国は人間の国か!」と言いました。当会もこの国が「人間の国」となるよう尽力いたします。保養所をつくるには、まだ、あとひと山のがんばりが必要です。どうぞご支援の輪を広げてくださいますようお願い申し上げます。

副理事長　山口たか

1

2013年 夏保養報告

「福島の子どもたちを守る会」の働きについて

福島の子どもたちが元気に育ってほしいと思います。そして自分のことだけではなく、周りの人たちのことにも気を配るような人になってほしいと希望します。この会の働きが、子どもたちがそんな風に育つための手伝いになれば良いと願っています。日本の将来はそのような子どもたちにかかっていると言えるでしょうから。

副理事長　矢口　以文

蘭越・蘭島
Rankoshi・Ranshima

夏休み保養では、恵庭市余湖農園で子どもたちと交流をしました

いっぱい外で遊んだよ！

今回の保養は12家族37名の親子が保養に参加され、保養の前半は蘭越、蘭島で過ごしました。あいにく雨勝ちの日が続きましたが、子どもたちは晴れ間をみては、元気いっぱい外遊びをしていました。

蘭越では、ニセコの山々を望む「ふれあいの郷とみおか」で、5棟のコテージに分かれて宿泊しました。また、希望する子どもたちは、蘭越高校のボランティアのお兄さん、お姉さんと一緒にテントで楽しい一夜を過ごしました。

食事は、昼食夕食をスタッフが用意をし、朝食は各棟にてお母さんたちに作って頂きました。子どもの年齢によって生活のサイクル、特に乳幼児の起床

時間に差があるために考えた初めての試みでしたが、「朝食のみ自炊」は概ね好評だったと思います。

蘭越での行事は、パームホール（蘭越のNPO法人が運営する私設の音楽ホール。森の中にあるすてきなホールです）でのチェリスト・土田英順氏のコンサート、歓迎夕食会、ヒルトンニセコヴィレッジでの野外バーベキュー、野外遊びや温泉入浴等と、楽しい時間を過ごしました。また、「人形劇場やまびこ座」の元館長現札幌エルプラザ公共4施設館長の岩寄氏の指導のもと、子どもたちは竹とんぼや竹笛を手作りして、とても楽しんで遊んでいました。

蘭島では、太陽グループ所有の海辺のログハウスを提供していただき、海水浴やカヌー遊び、バーベキューやスイカ割りを満喫しました。この間、グループのボランティアの方々が大勢参加してくださり子どもたちが安全に過ごすことができるよう配慮してくださいました。

大勢の方々のご協力により、蘭越、蘭島の保養を無事終えることができました。

保養に参加された親子は、ニセコの大自然の中で過ごすうちに、徐々に笑顔が増し表情が明るくなったように思います。遠く離れた北海道の地で、葉っぱや小石を喜々として拾い、夢中になって虫を捕まえる子どもたちの姿に安堵しつつも、この当たり前

の外遊びが子どもたちの非日常なのだと思うと、悔しさと悲しみで胸がいっぱいになります。子どもならば誰もが経験して然るべき安心して自然に触れられる「時」を、少しでも多く用意することができるよう、皆で力を合わせてこれからも活動を続けてまいります。

理事　小林俊子

札幌の夏を満喫しました

　札幌の保養は、天候に恵まれた8日間でした。そして、誰一人、病院にかかることなく、元気いっぱい過ごせたことが何よりでした。

　蘭島からの移動日は、北海道新聞社福祉財団から「サッポロビール園」に招待をしていただきました。長時間のバス移動の疲れも見せず、親子ともに北海道名物のジンギスカンを堪能しました。

　土曜日には、日本YOGA連盟から恵庭「余湖農園」でのトマト収穫体験や手作りピザ、バーベキューなど、暖かいおもてなしを受け、太陽の下でたくさん遊びました。

　日曜日には、「動物園」「札幌ドーム野球観戦」「まんが博」の3つのグループに分かれ、一日、思う存分楽しみました。

　その他にも、保護者の方も交えて、公園で鉄棒やブランコなど遊具で遊んだり、水鉄砲を掛け合ったり、花火をしたり、ボランティアの大学生や高校生や大人の方達と、おもいっきり自由にのびのびと過ごすことができました。

　私たちの保養では、子どもだけでなく、保護者も含め希望者は、甲状腺の診察を受けることができます。これも札幌での大切なプログラムです。多くの方が参加して、検診を受けました。

　最後の日には、南区の八剣山果樹園で乗馬や木工工作や釣りなどをして、昼食をいただきました。そして、新千歳空港でおみやげをたくさん買い、苫小牧からフェリーに乗って帰路に着きました。

　このように書くと、一見、普通の旅行のように思えてしまいます。しかし、その活動の一つ一つが、子ども達、そして、保護者の皆さんにとっては、放射能を心配せずに過ごせるとてもとても貴重な時間なのです。

　これからも微力ですが、放射能からの防御のために、一組でも多くの方が参加できるように力を尽くしたいと思います。

理事　桜井寿人

また来ます

　福島の子どもたちを守る会・北海道の皆さま

　お元気ですか？　夏の保養では大変お世話になり、ありがとうございました。

　また放射能を気にしなければならない毎日でどうしてもピリピリしてしまう自分がいます。

　北海道で過ごした時間は、私たち親子にとってとても貴重な時間でした。私は普段なかなか子どもたちと過ごす時間が取れないので、子どもたちとじっくり向き合う事ができました。沢山撮った写真を見ると、子どもたちも私も最高の笑顔をしていました。スタッフの皆さんの、ようこそ!! という気持ちや、私たちを心配してくださる気持ちが沢山沢山伝わってきて、本当に嬉しかったです。「北海道のみんなは何でこんなにやさしいの？」と、娘が言っていた程です。本当にありがとうございました。

　福島では、放射能の話はタブーになってきている感じがあり、色々な場面で疑問や憤りを感じる事がありましたが、強い気持ちで子どもたちを守っていこうと、思う事が出来ました。守る会の皆さんには感謝の気持ちで一杯です。またお会い出来る日を楽しみにしています。

夏保養参加者　Y.Kさん

会計報告 遅ればせながら、2011年6月結成から2年間の会計監査が終わりました。皆様へのご報告が遅れたことお詫びいたします。

これらに関しては、2013年9月21日に、川原・山田両監事により会計監査を受けましたことも同時にご報告いたします。

また、先にお知らせをしておりますとおり2013年4月8日よりNPO法人として活動をしております。こちらに関しては年度末（5月31日）で決算をし、当初の会員で総会を経て札幌市に報告を提出しております。

巷ではもうすっかり福島の原発問題は終わったことと（終わったことにして）生活をしている人がほとんどで、総理大臣までもが「コントロールされている」とよその国へ行って豪語したことは記憶に新しい呆れたニュースでした。ご覧のとおりカンパ・寄付金も事故当初に比べると7割弱と減っていることがわかります。

私たちは、一枚一枚の振込用紙を通して、寄付及びカンパをくださる皆様のことを思います。同じ気持ちで慣っている仲間がいる、私たちの活動を支えてくださっている仲間がいる。世の中捨てたもんじゃない！といつもたくさんの元気をいただいています。

今年度からは保養所の建設プロジェクトも動き出

〈2011年度〉

収　　　入		支　　　出	
カンパ・寄付収入	8,253,845	宿泊関連	4,242,194
助成金	4,000,000	旅費交通費	1,768,445
参加費	509,250	通信費	514,488
雑収入	32,714	事務運営費	731,584
計	12,795,809	計	7,256,711
2011年度繰越金		5,539,098	

〈2012年度〉

収　　　入		支　　　出	
前年度繰越金	5,539,098		
カンパ・寄付収入	5,602,908	宿泊関連	3,539,463
助成金	1,000,000	旅費交通費	2,754,802
参加費	855,000	通信費	255,747
雑収入	148,055	事務運営費	379,642
計	13,415,061	計	6,929,654
2012年度繰越金		6,215,407	

しています。

重ねてのカンパ・寄付のお願いになりますが、お友達、お知り合い等輪を広げてくださることをお願いいたします。

理事　**津田祥子**

ドイツの市民活動とつながっていこう

2012年9月、当会矢内理事長など4名が、ミュンヘン、シュタットベルゲン、ベルリンを訪問しミュンヘン市議会、日本人会、独日平和フォーラムベルリン、ドイツ放射線防護協会、ドイツ環境保護連盟（BUND）などとつながりができました。なかでも、ミュンヘン市議会議員であるモニカ・レナーさんは、福島の子どもたちを守ろうと積極的に活動してくださっています。10月末、そのレナー議員とBUNDのマーティン・ヘンゼルさんが札幌市の招きで来札しました。

当会では、毎回の保養に協力いただいている後志管内・蘭越町をご案内しました。ヒルトンニセコビレッジでは野外活動の場や、バーベキューコーナーを。蘭越高校では、子どもたちと遊ぶボランティアに参加してくれている高校生と交流。町では副町長と懇談、など保養の現場を実感していただきました。ミュンヘン市では何ができるか、モニカさんは問いかけます。今は、子どもたちへの募金をミュンヘン市のホームページを活用して募っていただいてますが、私は、倫理は経済に優先するという哲学に裏打ちされ脱原発を決定したことや、いまだに、南ドイツの森ではきのこやいのしし肉からセシウムが検出されていることなども含めて、ドイツの現状をさらに広く日本人に伝えてほしいと思いました。これからもつながって、子どもたちを守っていこうとハグしてお別れしました。

副理事長　**山口たか**

 ＊NPO法人　福島の子どもたちを守る会・北海道＊ 〒060-0808 札幌市北区北8条西3丁目 札幌市市民活動サポートセンター 事務ブース2
携帯電話／ 090-6990-5447　メール／ fkmamoru@gmail.com　URL ／ http://fukushimakids.org/

2014年

かおりの郷完成!

　ヒルトンニセコや太陽グループ、市役所職員組合などのご支援で、夏休みには、ニセコ、蘭越町ふれあいの郷、蘭島海水浴、定山渓渓流荘などで過ごしてきました。

　一方、常設保養所の開設をめざしてきましたが、南区砥山・八剣山ふもとの、居住していない元農家を、オーナーが、3年間無償で提供してくださることになりました。6LDKという広さ、自然豊かな農業地帯です。

　全国からのご寄付、多くのボランティアの方の協力によって、壁塗り替え、清掃、草刈など整備にとりくみ、10月に、開設できました。

　亡くなった泉かおり代表を記念し、「かおりの郷」と名付けました。

　広い畑もお借りして、農業部会が発足、子どもたちへの新鮮な野菜の提供が可能になりました。

　当会と同じく保養受け入れを行っている「うけいれ隊」が募集した6家族25人が冬休みに利用しました。

　「守る会」の保養に限定しないで、多くの保養者に利用していただきたいと考えました。

保養に行けることが心の支え

小野 さやか

いわきから保養に参加後、
沖縄に移住

震災から10年。だけどつい最近の事の様に感じます。あの頃を振り返ると放射能から子どもと自分を守るために必死で、そしてこの生活がいつまで続くのか先の見えない不安で心身共に疲れていました。

そんな生活の中、保養に行けることが心の支えとなっていました。

息が詰まる日常生活から開放されて北海道に行くと失われた当たり前の生活ができました。子ども達が制限されず思いっきり遊ぶ姿や、美味しいご飯、守る会の皆さんに会えることが本当に嬉しくて楽しい時間でした。保養が終わり福島に戻ってからも、また守る会の保養に参加できることを励みに頑張れました。

守る会の保養には2012年の春から何度も参加させてもらいました。

本当にありがとうございました。

私は現在、福島を離れて暮らしていますが守る会のみなさんと繋がっていられることに感謝しています。

また会える日を楽しみにしています。

恵庭・余湖農園で野菜収穫

また行きたいです

小野 覇空真

小野さやかさんの
長男

保養に4歳ぐらいの時に行って色んな人といっぱい遊んで楽しかったし、雪で遊んだのが特に楽しかったからまた行きたいです。

震災の時の事はまだ3歳だったのでよく覚えてないし、よく分からなかったけどお母さんが放射能の恐ろしさや危険性を言っていたので少しは放射能が危険だという事は分かっていたがまだよく分からなかった。

最近自分で原発や放射能の事を調べてみて、やっと原発や放射能がとても危険だという事が理解できた。環境を壊さない為に水力発電や風力発電のほうがいいと思った。

福島では放射能の影響で外で遊んだりするのをお母さんに制限されていたけど、今は沖縄に移住して自然の中で自由に遊べるからとても楽しい。

福島への想い

さっぽろビューティーヨガ研究会　江連 征子

　2011年3月11日、東日本大震災で多くの犠牲者が続出。尊い命、幸せな生活、思い出すべてが津波にのみこまれた悲惨な日から早や10年の月日は流れました。今なお、東京電力福島第一原発事故の復興は進まず被災した方々は心癒されることなく不安な生活を余儀なくされています。

　震災後、「福島の子どもたちを守る会・北海道」事務局の支援を「さっぽろビューティーヨガ研究所会」は活動開始。原発事故後青空の下で遊ぶ子どもたちの声は消えました。心身の成長を心配して恵庭余湖農園社長の協力で福島の親子さんを広大な農園へご招待。土に触れる農業収穫、加工体験でバーベキュー、手作りピザのトッピングを子どもたちで。緑の芝を駆ける、寝転ぶ、水遊びは太陽の子そのものでした。その愛おしい笑顔は忘れられません。今はコロナ禍で保養も休止ですが、再び大地を駆け巡り絆を深める日が訪れますことを願うばかりです。

猫のポーズ「お腹を見て〜」「天井を見て〜」

保養活動の意義は変わらない

國田 裕子

　たかさんたちが、守る会の立ち上げの会議をされている時、偶然お会いしましたね。あの時は、「保養」の大切さがよく分かっていませんでした。恥ずかしながら、「あー、福島の子どもさんたちをご招待するのねー」と思っておりました。

　あれから10年になろうとしています。もう原発事故は過去のことと片づけたい方も多いと思います。

　しかし、子どもを思う母親の不安は簡単に消えるものではありません。保養活動の意義も変わりません。人々の関心も薄れ、活動の継続も厳しい状況だと思いますが、意義深い貴会の活動は是非続けていただきたいと思っております。私自身は大したお手伝いもできず、心苦しい限りですが、これからも微力ながら応援させていただきます。

自分なりの責任を感じて

畑中 一男

私が「福島の子どもたちを守る会・北海道」に関わる大きな理由は、東日本大震災によって引き起こされた「福島第一原発」の事故原因に自分なりの責任を感じて居ることです。

私は「福島第一原発事故」以前にスリーマイル島やチェルノブイリ原発事故があったにも関わらず、原発の持つ潜在的な危険性を深く認識する事が出来ませんでした。

「人的資源や技術的に優れた日本の原発はアメリカや旧ソ連とは違う」との根拠無き楽観論を暗黙のうちに認めていました。

福島第一原発の大事故の遠因の一つに、多くの、私のような考えの存在があったのではないでしょうか。

目に見えない放射線に曝されて暮らす、福島の子供たちに、少しでも不安の無い状態で暮らして頂きたい。それが私の思いです。

二度と原発事故を起こさないためにも、再稼働や新設を認めない行動は、これからも永続的に続けて行きます。

歓声が戻る日を心待ちに

小泉 章夫（運営委員）

会についてはその活動ぶりを新聞報道などで知っていましたが、退職直後の2014年初めに会の方から事務的な仕事、特に会計の仕事が結構、大変なので、手伝ってほしいとの声がかかったのがきっかけで関わりを持つようになりました。以降、「会計」の仕事を中心にお手伝いしていますが、保養にも時々、顔を出して元気な子どもたちの声を聞き、私も元気をもらっています。

昔、仙台や水戸で勤務したこともあり、福島は私にとっても懐かしい所。保養の際には楽しさの中にも不安を抱えたお母さんたちの声を時々、耳にします。

事故から10年…あれほどの事故であっても人々の記憶の中では風化してしまうこともあり、原発再稼働の動きや核ゴミをめぐる動きもあることを危惧します。コロナ禍によって保養が中断していますが、「かおりの郷」に「歓声」が戻る日を心待ちにしています。

また、今も多くの方々からのカンパをいただき、感謝しております。

みんなで食事は楽しいな

NPO法人
福島の子どもたちを守る会・北海道
《ニューズレター》2014年 春～初夏版

まもりたい

共に生きる

子どもたちの保養所開設まであと一歩！

東日本大震災・東京電力福島第一原子力発電所の事故から3年が過ぎました。当会は、放射線量の高い地域に住み、思うように戸外で遊べない福島の親子を支援するために2011年6月にスタートしました。

2014年春休みは7家族19人がスキーや雪遊びを楽しみ無事福島へ帰っていきました。この間、長期休暇にあわせ合計8回、免疫力を高めることをめざし延べ249人の福島の親子を北海道に招待してきました。

多くの皆様のご支援によりこの活動が続いていることに心から感謝申し上げます。

事故当初は、福島の方たちも、受け入れる当会も、夢中で保養＝一時疎開に取り組んできました。しかし今や、原発事故はすでに収束したかのように、人々の話題になることも少なくなり、放射能や保養を話題にすること自体がはばかれる雰囲気が県内にはできつつあります。

福島県いわき市は、原発地域からの避難者と、原発作業員の転入により人口が3万人増加する一方で、市外へ避難した市民も多く、コミュニティが激変した地域です。2014年3月5日の毎日新聞によると、子どもたちの中には表情が乏しくなったり、動きが少なくなるなど、心身の発達にも影響がでてきている例が報道されています。放射性物質による様々な環境の変化や制約を受けているため、健康被害への不安に加え、子どもらしいまともな生活が奪われ続けているのが福島の現状であると考えます。私たちは、昨年6月に

「北海道に福島の子どものための保養所を！」プロジェクトをスタートさせました。遊びの中で子どもは成長します。それを守る責任がおとなにはあります。いつでも来たい時に利用でき、自然も豊かな場所。なかなか、最適な物件が見つからず、1年もかかりましたが、多くの皆さまからのご寄付、ご支援とオーナーのご理解により、5月から札幌市内南区の一戸建てをお借りすることができました。新築ではありませんので直ぐに利用できませんが、改修によって過ごしやすくなると思われます。広い農地もあるため、自給自足とはいきませんが、子どもたちが土に触れる体験もできるようにしたいと計画しています。

まずはここを基点に、子どもたちが思い切り戸外で遊ぶことを通して、健康を回復することを支援する場として、また、悩みを抱えて保養に参加してくる福島の親たちを受け止める場として、活用していけたらと考えています。将来的には自然エネルギーも導入したいと考えています。

4年目を迎えて、被災地のニーズが内在化し、変化してきています。また、支援する側の意識も変わっていることを痛感します。震災当時と比べ、カンパ・助成金の金額が、1年目より2年目は約3割、3年目は約7割と減り続けております。それでも、保養事業を続ける必要性は少しも減らないばかりか、むしろ正念場ともいえると思います。これまでのご支援に感謝申し上げますとともにこれからも皆さまのご協力を心よりお願い申し上げます。

副理事長 山口たか ①

41

2014年 春休み in 北海道

～楽しかった!! いっぱい遊んだよ!～

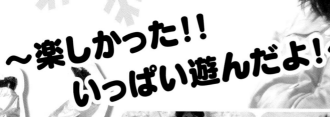

＼＼ 参加者の声 ／／

いつも本当にお世話になっております。息子も大喜びで楽しんでいました。毎回、毎回お手数をおかけします。これからも宜しくお願いいたします。
福島市（父親・小学生）

おいしいお食事ありがとうございました。10時のコーヒータイムも大変ぜいたくな気分でした。子どもたちも、たくさんのボランティアの方々に遊んでもらい、支えていただき大変元気になりました。
遊んでくれてありがとう。
福島市（母親・中学生・小学生）

心身ともにリラックスの日々を過ごせました。ありがとうございました。
郡山市（母親・小学生）

福島ではできないことをたくさんできました。おいしい食事やコーヒータイム、ボランティアの皆さんに話を聞いてもらい、親子共々大変元気になれました。本当にありがとうございました。
福島市（母親・中学生・小学生）

愛しています皆さんへ
・毎日おいしい食事ありがとうございました。たくさん話せて嬉しかったです。
・みんなへ、コーヒー牛乳おいしかったです。
・ありがとう。
埼玉県（いわき市から移住中）（母親・中学生・小学生）

昨年夏に引き続き今回もたくさんお世話になり、本当に感謝の気持ちでいっぱいです。悩んで、悩んで、悩んだ3年間。そろそろ覚悟を決めなければなりませんね。皆さんのあたたかい気持ちがとても嬉しかったです。本当にありがとうございました。
伊達郡（母親・小学生・年長）

毎食美味しいお食事、ありがとうございました。孫・睦月、おいしい食事をし、思い切り外で遊ばせていただきました。これからも宜しくお願いいたします。
福島市（祖父・小学生）

(2)

＼＼ボランティアの声／／

私は、初めて福島のボランティアに参加しました。最初は、正直言ってすっごく緊張しました。とっても不安でした。でも、そんな不安や緊張もすぐにどこかへ消えていきました。一緒に雪遊びをしたり、絵を描いたり、折り紙をしたり、本を読んであげたりしているうちに子どもたちと仲良くなり「ぶーちゃん」というニックネームまでつけてくれるようになりました。

子どもたちが楽しそうに笑ってくれるのがとっても嬉しかったです。そんな子どもたちの笑顔を見ていると、3年前に起きた東日本大震災で子どもたちの故郷が奪われたことを考え、とても胸が痛くなりました。原発がなくなって、いつか子どもたちの故郷が戻ってくれればなと思います。またこのような機会があれば参加したいです。

蘭越高校　3年　**松山奏美**

私は今回～札幌の街歩きの同行～で、親子4人と一緒にサッポロビール園に行きました。駅でバスを待つ間、小学生の女の子と年長組の男の子は、もう溶けかかっていて少し黒さも混じった雪で、人形を作ったり、雪玉ぶつけをしてはしゃいでいました。「お母さん、この雪触ってもいいんだよね。放射能大丈夫だよね？」男の子の言葉にハッとしました。5歳の子どもにこんなことを言わせなければならない状態を作ってしまった大人の一人として責任を感じました。今なお放射能を気にしながら暮らしているこの子たちを前に、本当に申し訳ない気持ちでした。原発を推進しようとしている人々、原発で利益を得たいと思っている人々はこうした子どもたちの未来をどのように責任を持つつもりなの、改めて聞きただしたいと思いました。そして、私にできることはそう多くはないかもしれないけれど「守る会」と一緒に歩いて行こうと今思っています。

守田恵美子

守る会の保養の件を聞き、3月30日から3日間の主に昼夜の食事作りにかかわりました。私自身、高校卒業まで福島市内におりましたので、何か少しでも出来る事があればと思い参加しました。

蘭越滞在中はお天気にも恵まれ、子どもたちは宿泊棟の横の斜面でスキーやソリ遊びを一日中楽しんでいました。疲れを知らぬそのパワーに圧倒されました！子どもたちの歓声を聞けてとても嬉しかったです。子どもたちはもちろんの事、保護者の方々にものんびりリラックスして過ごして欲しいと思っていましたが、初参加で不慣れな部分が多く、次回はもっと心地よく過ごして頂けるよう心掛けたいと思います。北海道での保養が少しでも皆様の力になれば幸いです。

加藤千夏

イベントの報告

3・11から3年
3月10日(月)・11日(火)

3月10・11日の2日間、札幌駅地下歩行空間にて札幌市東日本大震災被災者支援事業の一環としてイベントが開催されました。

たくさんの支援団体が参加し、互いに交流し合い、いままでの活動を話し合う時間となりました。

当会は活動のパネル写真を設置、パンフレットやチラシを配るなどをし、スペースを訪れる人への声かけをしました。震災から3年経つとやはり皆の意識が希薄になっていることもありましたが、被災者や子どもたちへの深い労わりの気持ちも確認できました。

これからはつながりをどう広げるかが課題であり、どれだけ自分たちのこととして関わっていけるかがポイントになると思いました。また、北海道だからこそできる支援のありかたも考えて伝えていきたいです。

ボランティアの方たちとも個人的に話す時間ができ、互いのことを知りあうことができたことも良かったと思いました。少しづつ関わりを持つ時間を増やしていき、これからの会の方向性を含めて、活動の輪を広げていけたらと思います。

また、イベント全体としてはもっと伝えたいメニューを考えて取り組む、セレモニーとして黙祷の時間などをきちんと取るなど工夫の必要を感じました。音楽イベントは道行くひとの気持ちを引きつけ、参加者の気持ちも和らげてくれるので良かったと思いました。
　　　　　　　　　　　　理事　村本美和子

「脱原発を決めたその後のドイツ」
講演会　3月10日(月)

福島原発事故後3年が過ぎた現在、脱原発を支持する国民が7割以上います。その現状を踏まえ、原発事故の被災者救援を含め、脱原発に向けて市民の声を社会に訴えると共に、行政や政治に反映していく必要があります。

ドイツ放射線防護協会会長のセバスチャン氏の講演では、ドイツの脱原発の状況とともに、ドイツが脱原発の方向に舵を切ったからといって大きく前進しているわけではないことを知りました。また、その実現のためには、隠れた情報を集め公開し、その問題点を明らかにすること、原発のリスクをどのように理解し、共有していけるかなど、地道な活動を進めることの大切さを教えられました。

独日平和フォーラムベルリン代表・オイゲン氏の講演では、過去の市民運動から学び、専門家や行政も巻き込んで力を集結していくこと、ドイツの情報も得ながらお互い協力して進める必要があることを学ばせていただきました。

この二つの講演後、30分以上の質疑があり、参加者の関心の高さが感じられ、当会と参加した市民に大きな示唆と勇気を与えてくれました。
　　　　　　　　　　　　理事　桜井寿人

チェルノブイリは今！
～ウクライナ小児病棟からの報告～ 4月19日(土)

政治情勢が混乱している中、キエフ第9小児科医院診断部長のザムラ・ヴァレンティナさん、キエフ国立チェルノブイリ博物館副館長のアンナ・コロレフスカさんをお招きし、話を聞きました。

第一部はヴァレンティナさんが、キエフの小児科病棟で起こっていることをたくさんのグラフを基に話されました。第二部は、会場いっぱいの参加者からの質問を受け、深川市立病院の松崎医師（内部被ばく研究会）との対談「これから、子どもたちをどう守るのか」、最後にアンナさんからはチェルノブイリのその後のお話があり、あっという間の2時間でした。

盛りだくさんの話の中、"真実を話すこと。一つの国だけでは解決できない。未来を見据えること"この言葉が心に残りました。
　　　　　　　　　　　　理事　津田祥子

編集後記　2014年春休みin北海道を終え、ほんの一時ほっとしているところです。今年は天候にも恵まれ無事に北海道を送り出したと思ったら、チリ地震の津波警報で約10時間もフェリーの中に閉じ込められ、家に着いたのは夜遅くになってしまいました。2年前の春の嵐で2日も足止めされたことを思い出しました。世の中何が起こるかわからない。それでも、たいていのことは皆の知恵と努力で何とかなるものです（なってきました）。でも、どうにもならず、先も見えず、人間の力、努力などと縁遠い所にある原発。いまさらですが、何故こんなものを次から次へこの狭い国に、世界中に造り続けてきたのだろうと思います。再稼働、原発の輸出などがじわじわと進んでいる中、私たちができること、私たちがやらなければならないこと、しっかり見極めていきたいところです。　　（つ）

＊NPO法人 福島の子どもたちを守る会・北海道＊ 〒060-0808 札幌市北区北8条西3丁目 札幌市市民活動サポートセンター 事務ブース2
携帯番号／090-6990-5447　メール／fkmamoru@gmail.com　URL／http://fukushimakids.org/
ゆうちょ振込口座「福島の子どもたちを守る会・北海道」 02790-5-66504

④

2015年

　1月から「かおりの郷」での保養を開始しました。春、夏通じて、かおりの郷を拠点とすることで、近隣の農家、八剣山果樹園の乗馬、つり掘り、など活用できるようになりました。

　また、札幌に短期留学で来ているドイツの高校生が「かおりの郷」で、1泊2日の合宿をしました。なぜ、保養なのか、なぜここに保養所があるか、震災や原発事故について説明をし、理解した上で利用してもらうこととしました。

　東海大学生をはじめ、多くの大学生がボランティアとして子どもたちとの遊びに関わってくれました。また当会が、札幌市役所民間企業短期体験研修の対象となったため、市職員の方々が子どもたちのケアに参加しました。

　9月には、福島市内の保育所「こどものいえ そらまめ」の子どもたち、園長、保育士、保護者14名が、かおりの郷で過ごしました。これは復興庁と福島県の「福島っ子自然体験交流支援事業」という位置づけで交通費の支援がありました。子ども・被災者支援法に位置づけられた「放射線量の低減及び生活上の心身の健康の保持に関する施策」の一環ですが、13年に東京五輪の招致が決まって以降、政府は保養という言葉も使用しなくなり、17年には、自然体験支援は減額となりました。

北海道に通い続けて

渡邉 伸一郎

福島市から
保養に参加

インタビュー
by 山口

　2011年から19年まで、春も夏も長男と一緒に北海道に通い続けました。男性なので、ほかの保養のみなさんと一緒に行動できない時もあり、自費でホテルに滞在し、イベントの時、かおりの郷で皆さんといっしょになったり、15年からは、キャンピングカーを購入し、フェリーで札幌まで行き、かおりの郷の庭で宿泊したことも。

　あの時小学生だった長男も高校生、たまに風邪をひくくらいで元気です。保養に行き続けて本当によかったと思っています。出会ったすべてのみなさん、どうか、お元気で!

学生ボランティアとしての保養への関わり

乾 淑子(理事)

　かおりの郷での保養に学生ボランティアの取りまとめとして参加させていただきました。その概要についてご報告したいと思います。

　教員として大学ではインターンシップとフィールドワークと二つの科目も担当しておりましたので、その一環として、かおりの郷での実習を実施することにしました。科目名が違うということは内容も多少違うのですが、ここではごく簡単に共通事項だけを述べさせていただきます。

　まず学期の始めに、当該科目では何をするかのごくごく概略を研究室のドアと教務課前に張り出したポスターでお知らせします。それに応募したい学生にはいつどの教室で説明会を開催するかもそこに書いておきます。しかし、実際にはその日時に教室に来る学生はごく少なく、ほとんどの学生が三々五々と研究室にやってきて「先生、オレあのインターンシップ取るからよろしく」などと言います。

　「取ってもいいけど、まず説明を聞いてから考えてね」というと

　「先輩から聞いてるから、大丈夫」

　「いや、それでも一応、説明しないと」

　「オレ、これからバイトだし無理。よろしく!」

　という感じが大半です。

　このやり取りでご理解いただけるように、多くの学生は原発にも保養にも関心がありそうではありません。デスクワークではなく、体を使う内容で単位が取れればラッキーという理由でこの科目を履修します。もちろん単位目的ではない熱心な学生も多少はいます。そういう学生はそもそも環境系の私の科目をすでに履修していたりします。

　理由はどうであれ、履修が決まるとそれを教学課に届けて、それぞれの学生の実習の日程、連絡先、実習先への交通手段、費用等々の書類を作ります。交通は公共

交通のみで、自家用車の使用は禁止されています。また「福島の子どもたちを守る会・北海道」に学生の氏名、住所、誕生日等を連絡します。それはボランティア保険に加入するためです。保険費用は会がもちます。

　さて当日になると、出欠をとって、学生が参加したという証拠写真を撮ります。よくわかるのは、動機がどうであれ、学生たちはとてもよくこどもたちと遊んでくれます。筆者の勤務先には専攻する学科に関わりなく、高校まで続けてきた体育系の部活動を続けることが最優先である学生が多いのです。ですから運動神経がよくて、部活のノリで細かいことに拘らず、とにかく楽しく動く子が多いので、保養に来たこどもたちにとっては最高に面白いお兄さんとお姉さんたちです。

　事前学習の説明をちゃんと聞いた子は福島の現状とか、保養の意義などを理解していますが、そんなことが頭にあろうがなかろうが、とにかくよく遊んでくれることが大切です。そして何もわかっていないような学生が、実習が終わる頃になるとなぜか多少は理解しているという不思議を発見して、引率教員としてはやれやれと胸をなでおろすことになります。

　なお、禁止されている自動車で参加している学生が実は結構いました。それは実習中に腹痛が酷くなったという学生を私の車で送った時に途中で
「車が止めてあるから、あのスーパーで降ろして」と叫んだ学生が再び
「いや、お腹痛すぎて運転無理!」と叫び、白状させて分かりました。

　というわけで、ほとんど全く関心のなかった若い世代に原発事故と保養について多少の経験と知識をインプットするという活動をさせていただいたことを感謝しております。実はここには書けない困難もありますが、とても楽しい経験でした。

福島から北海道へ来て10年

上野 一詔

福島市から保養に参加、移住

あれから10年。
　今でも震災が起きた瞬間。その後の悲劇は今でも思い出せます。そして原発。何を信じていいのか分からず。子供たちに何が出来るかの選択を迫られた時でした。
　縁あって北海道にて就職。生活。温かい声掛けや支援は本当に有り難かったです。辛い事。悲しい事。楽しい事。嬉しい事。
　北海道での10年目は感慨深いです。
　ありがとう! 感謝してます! そしてこれからもよろしくです!

忘れないよ

守田 恵美子

「かおりの郷」で初めて夏保養をしたときだったと思います。福島へ帰る子供たちを札幌駅で見送っていて、今まさにバスが出そうになった時「忘れないでね」という女の子の声が聞こえました。「私を忘れないで」という意味なのかもしれませんが、私には「福島を忘れないで」と言っているようにも聞こえました。

昨年はコロナの問題がなければ「フクシマ復興」を装うオリンピックが開かれていたはずです。フクシマを忘れさせるために。

「忘れないでね」というあの叫びは、故郷を奪われたあの子の叫びは今も耳に残っています。私は、そして私たちは忘れてはいません。忘れてはいけないのです。2011年の東京電力福島第一原発の事故を（間接的ではあれ）起こしてしまった大人の責任として、あの事故を忘れてはいけないのです。病を得て以前のように保養に関われなくなった今も、気持ちだけはあの子の叫びとともにあります。

保養の価値を考える

冨所 寛治（運営委員）

福島の子どもたちを守る会に参加し、四年が経ちました。守る会は、令和三年で10年を迎えました。震災から10年が経ち、自分自身をも振り返る機会となりました。

守る会に参加できたことは、自分の中では、幸運な事でありました。福島の人々の生活は、どう変化し、どう支えられ、復興に向かったのでしょうか。

守る会の保養を通じて、出会う家族の皆さんの笑顔の中に、どれだけの苦悩や不安があるのか、計り知れません。保養での家族の語りに寄り添い、一人一人の子どもの思いに寄り添い、彼らが見せる一瞬の笑顔に、自分の心が和む思いがあります。

保養が、福島の皆さんの心身の回復をもたらし、安心を実感する、このことこそが、保養の持つ価値であると思います。

この保養事業は、継続させなければと、強く思います。

クリスマスパーティー

NPO法人
福島の子どもたちを守る会・北海道
《ニューズレター》2015年 春~初夏版

共に生きる

保養所「かおりの郷」本格スタート！

この3月で東日本大震災から4年がたちました。2011年生まれの子どもさんが4歳になる年月です。復興の掛け声とはうらはらな状況に置かれている方々がまだまだたくさんおられます。それどころかより深刻な苦しみや悩みを抱えている方々も多いのではないでしょうか？

さて、この間継続してきた当会の春保養も3月26日から4月2日まで、リピーターを含む9家族31人を受け入れることができました。子どもたちは蘭越でもかおりの郷でもとにかく雪遊び、出発のバスに乗る寸前まで遊んで靴をびしょ濡れにして乗り込む子も。ことさらイベントがなくても、思いっきり外で遊ぶことが子どもたちにとって何よりの心と体の保養となったのではないでしょうか。かおりの郷ではお隣のパン屋さん「あゆんぐ」さんのご協力でピザづくりを楽しんだほか、市内観光では、ボランティアさんの案内で大倉シャンツェや円山動物園で歓声を上げ、たまたまシロクマの赤ちゃんの公開に間に合ってラッキーでした。その間、検診を受けられた家族もおりました。

昨年来、多くの方のお力を借りてオープンした「かおりの郷」は、昨年12月末「うけいれ隊」さんの保養に使っていただき、また1月にはリピーターの3家族が「お試し保養」として3日間滞在、それぞれ要望や不備な点などを指摘してもらい、本格的な運用に備えておりました。まだまだ改善や整備の余地はありますが、まずは快適に過ごしていただいたようでした。なにより、アットホームな雰囲気の中で、お母さんたちがリラックスしてお

互いの距離も近づいて色々な情報交換や、普段なかなか言葉にできない話を思い切りできたようです。なんといっても食事担当ボランティアさんの活躍がそれを支えてくれました。また、子どもたちの雪遊びにつき合ってくれた大学生、外遊びボランティアさんも長時間ご苦労さまでした。

保養に来られた方たちのお話を聞くと、福島では保養に行くこと自体「気にしすぎだ」という圧力が強まっていて、孤立させられています。普段の付き合いも疑心暗鬼ですごいストレスにさらされているようです。「でも、いざとなったらここに来ればと思ったら安心できるんです」と言われた言葉を心にとどめて忘れないようにしようと思います。

最近思い出したことですが、2008年に妹のかおりが帰国したとき、「少しのんびりしたいから郊外に住みたい」と家や土地を探した際、八剣山の麓に果樹園付の物件が出て、見に行ったらしいのですが、何かの条件が合わずに購入はしませんでした。今から思えば何かしらご縁があったのかも。泉かおり本人はこの「かおりの郷」の実現を目にすることはできませんでしたが、その遺志が形になりそしてみなさまの心の中にも受け継がれていくことを信じていたに違いありません。今後も保養を必要とする家族がいる限り、最大限うけいれていきたいと思います。ぜひ、多くの皆さんのより一層のご支援ご協力をよろしくお願いいたします。

**福島の子どもたちを守る会
副理事長 泉 恵子**

1

参加者の声

今回フェリーでなく飛行機だと聞いていたので、関東に高速バスで行くより早いのかなと思っていましたが空港からが意外に遠く北海道の広さを感じました。子どもたちが自由に思うように遊ぶことができそれを安心して見ていることができてとても良かったです。

参加したのは春休みで観光には少しもったいないような気もしましたが子どもたちはそれぞれの場面で楽しみを見つけ遊べていたと思います。また雪のない季節に来たいという楽しみもできました。放射線の被害はどれくらいでるかわからないしそういう経験は誰もしたことがないけれど、普通に子育てしているなかでの心配もあります。子育ての先輩、人生の先輩たちが福島に心を寄せてくれて話を聞いてくれたりアドヴァイスをしてくれました。それがとてもうれしかったです。会員の皆さま、寄附をくださった方々ありがとうございます。なかなか遠くていつもは来られないけれどいざという時いつでも逃げていける場所であり続けていてほしいです。私だけのためでなく福島やその周りのママや子どものために。そんな場所があるだけで、福島でもがんばれる気がします。

郡山市 M・F

震災から4年が過ぎました。昨年は次々と原発事故の新たな情報が入ってきた年だったように思います。7月には東電が記者会見で瓦礫撤去の過程で1兆ベクレルを超える放射性物質が飛散したことを報じました。又、NHKは東京理科大の分析結果として130キロ離れた茨城県つくば市で採取した大気中のチリに核燃料や原子炉内の構造物と一致する物質が直径2マイクロMほどのボール状で確認されたことを報じていました。

そして、小児甲状腺ガン発症および発症疑いが確認される県内の子どもたちが段々増えつつあり会津若松市では15,000人中5人発症または疑いが確認されました。事故後、いかに悲惨なものであったか、実態が明らかになってきています。

この原発事故はチェルノブイリ事故と比較されますが、大きく異なるのは、放射線を遮断できていないことです。チェルノブイリは軍隊を動員して大きな犠牲を払い原子炉をコンクリートで囲い強い放射線を遮断できたようですが、福島原発は未だに汚染水はあふれているし放射性物質を毎日放出し続けているのです。

これからどんな結果を招くのか？まったくわからないまま私たちは生きています。

またいつ大事故が起こってもおかしくない状況下で、私たちが予防できることは、内部被ばくを避けるために食に気を付けること。被ばく時間を短くすること、つまり遠方に保養することしか手段はありません。

子どもたちが少しでも安全な環境に身を置いてできるだけ数日間の保養をさせることが予防原則のひとつであると専門家は口をそろえて言います。

年に数回くらい、安全な環境の下で何の制限もなくのびのびと思いっ切り自由に遊ばせてあげたい。そうすることで、ストレスから解放され免疫力を高められ予防できるのです。私たちが普通の暮らしをすることは震災を機にとても特別なことになり非日常になってしましました。

健康に育つ権利を奪われてしまった子どもたちをどうか助けてください。

この想いが日本中、世界中に届きますように！

いわき市 S・W

保養って何？

2011年東日本大震災とそれに伴う東京電力福島第一原子力発電所事故により、水や大気が放射性物質に汚染された福島に住むお子さんたちが、長期休暇などを利用して福島から離れ、普通に外遊びや土遊びをしてもらおうと始めた活動です。それによってストレスの軽減や免疫力が高まることが期待されます。全国各地で保養を受け入れる活動が展開されていますが、当会は2011年夏から15年春までに11回350人を超える方たちを北海道に招いています。

ボランティアの声

今回初めて、保養のボランティアに参加しました。かおりの郷では、大学生のボランティアと雪遊びをする子どもたちの笑顔がとても可愛かったです。初めて、スキーをしたお子さんが、将来スキー選手になりたいと言っていました。

また、原発事故後、関東地方や上越地方と数か所の避難をされ、自宅へ戻られたお話をお聞きしました。幼いお子さんを連れての避難のご苦労を思うと、胸が締め付けらる思いでした。

お子さんの食べる食材を選ぶのに、思い悩み、遊ばせる場所を考えたりと、お母さん方も大変だと思います。

お子さんもお母さん方も何も考えずに、おいしい時は「おいしい」、楽しい時は「楽しい」、と言える、保養はとても大切だと思いました。

これからもボランティアとしてできるだけ参加していきたいと思います。　　　　　　　　涌井 直子

東海大学の学生の方たちがボランティアで毎回かかわってくださっています、そこで、ひとことインタビュー！

🖊夏、春と連続のボランティアありがとうございます。感想を伺えますか？

★3日間子どもたちと遊ぶボランティアをしました。夏は水遊び、春保養の時は雪遊びが主です。大変喜んでいましたが、北海道ならではのもっとさらさらの雪を味あわせてあげたいな〜と思いました。

🖊気が付いたことはありますか

★子どもたちから雪玉をたくさん当てられました。解放的になることはとてもいいと思いますが、もう少し、やさしくぶつけてほしいな〜（つらい思いもされたようですね〜）

🖊この活動に参加していかがでしたか

★普段、小さい子どもたちと接する機会が全くないので、このボランティアで子どもたちと遊ぶことは、自分にとってもとても良い経験になりますし楽しいです。　　　　　東海大学 支倉 僚太

さんでした。

またね！

③

イベントの報告

4月4日、「福島の子どもたちを守りたい! in チカホ・出前授業×ストリートライブ」

　今回も、この3月末に私が福島を訪問して見てきたことや会ってきた人たちのお話を中心に出前授業をさせて頂きました。また、毎回、主旨に賛同して出演してくれる沢山のミュージシャンたちが、次々と素晴らしい音楽を披露してくれました。当日は、天気も良くて、チカホを通行される方も、とても多かったので、足を止めてステージやブースを覗いていかれる人もけっこういました。陰で支えて下さったスタッフの皆さん、そして、チカホに足を運んで下さった沢山の皆さんのおかげで、とっても素晴らしいイベントになりました。本当に、ありがとうございました。　**理事 川原 茂雄**

5月3日「福島の子どもたちの現状」

―保育の現場から見えてきたこと―
「こどものいえ そらまめ」門間貞子園長講演会

　「こどものいえ そらまめ」は福島市渡利地区にあった民間の保育施設です。しかし、渡利地区は3,11福島原発の事故により高濃度の放射性物質が降り注ぐホットスポットになったため多くの園児が転居や避難。「そらまめ」は閉鎖になりました。その後の「そらまめ」そして福島の子どもたちの様子を伺うために講演会を企画しました。しかし当日、門間先生の飛行機が機材繰りの都合で遅れて到着という状況になったため、急きょ、「そらまめ」の卒園生の母で、家族で札幌に避難されているNさん、妹背牛に避難されているSさん、そらまめを3,11以後支援してきた、東京のNPO「てんぐるま」の打本俊昭理事 そして、そらまめの元職員で今は札幌に避難されているN保育士さんの4人をパネラーに、当会の中手聖一理事をコーディネーターにお願いし、ミニフォーラムを行いました。シュタイナー教育の実践をめざす園の方針に誇りをもっていた職員や保護者、子どもたちの生活の場が原発により一瞬のうちに汚染された場所になってしまった。その驚き、悲しみが伝わってくるお話を伺うことができました。その後門間先生が到着されミニ講演を行いました。「そらまめ」は、渡利から遠く離れた地域で新たな保育実践をはじめていますが、子どもたちは減り運営は厳しい状況です。ひとたび原発事故が起きると、生活が根こそぎ奪われていくことを痛感させられるお話でした。門間先生には翌4日、かおりの郷を視察いただき、秋には「そらまめ」の園児たちが、保養にくることができるよう検討してくださることになりました。多くの子どもたちが滞在してくれたらいいなーと待ち遠しい思いです。

　理事 山口 たか

親子ですごす春休み in 北海道 (3/26 ～ 4/2) 収支計算書

　今回の春休み保養にさいしては、札幌市のさぽーとほっと基金、北海道教職員組合後志支部、をはじめ、団体、個人の方から野菜、米、お菓子、パスタ、カンパ金など物心両面にわたり多くのご支援をいただきました。心よりお礼を申し上げます。

収　入		支　出	
項目	金額（円）	項目	金額（円）
保養参加費	338,800	旅費交通費	1,249,240
当団体資金	293,640	賃借料（蘭越宿泊）	142,500
さぽーとほっと基金助成金	414,000	切手代郵送通信費	69,700
北教組後志支部助成金	270,000	食品検査（5品目）	15,000
寄付金・賛同金より	300,000	ピザづくり体験講習会	20,000
		食費	120,000
計	1,616,440	計	1,616,440

④

NPO法人
福島の子どもたちを守る会・北海道
《ニュースレター》2015〜16年 冬版

共に生きる

保養・移住の取り組みを強めよう

放射線被ばくの害は、政府の説明より一ケタ大きい可能性があります

　放射線をたくさん浴びるとがん等が増えます。少しならそれほどがんは増えません。放射線被ばくでがんになるという説明は、実は原爆被ばく者の追跡調査結果をいちばん参考になるデータとして引用されてきました。しかしながら、原爆被爆者の追跡調査は、被ばくから5年経った時点で生き残っていた方々を対象として行われたため、放射線被ばくに「強い」人々の調査となってしまい、放射線に強い人も弱い人も含んだ調査とならなかったことから、本当の放射線被ばくの害を軽い方に見誤る欠点があるという批判がなされてきました。では、何ミリシーベルト被ばくするとどれくらいがんになりやすくなるのかを調べたまともな調査があるのか？ という質問が当然出てきます。そのような研究はあります！ 最近医療被ばくがどれほどがんを増やすかを調べた研究がどんどん発表されています。それらによると、原爆被ばくデータよりも一ケ

夕近く発がんリスクが大きかったのです。このことは、放射線被ばく対策にどのような意味を持つでしょうか？ 極めて不幸なことですが、福島原発事故による放射能汚染のために住んではいけない地域が大幅に増えることになります。現在の被ばく線量を10倍化して、その地域に帰還できるかどうかを考えなければならないのです。福島市や郡山市の多くの部分が帰還困難地域になってしまう可能性があることになります。
　この意味で、福島の線量の高い地域から避難されたことは、とても妥当なことなのです。また、短期間の保養でも、放射線被ばくの影響回避効果は、実は一ケタ大きかったということになります。したがって、これからも、保養・移住・避難の取り組みを強める事が、被ばくの影響を減らすうえでとても意義のあることだと考えます。
　守る会理事／勤医協北病院院長
　松崎 道幸　①

思いっきり遊んだ夏休み
——かおりの郷全開！

　昨年10月開設した、福島の子どもたちの常設保養所「かおりの郷」。12月、1月、春休みの利用を経て、今年の夏休みは、14家族41人が保養にきました。A班とB班、2つのグループに分かれて、かおりの郷と蘭越町富岡の郷、蘭島、倶知安に滞在。野菜収穫・ヨガ・海水浴・温泉・ビール園・ライヴなど福島ではなかなか体験できないことにチャレンジしました。

　東京電力福島第一原発の事故から4年がすぎ、今年は事故のあとに生まれたお子さんが多数参加しました。放射能が危惧され、子どもの育ちに欠かすことのできないと言われている、外で遊ぶこと、土や草花に触れること、太陽をいっぱい浴びることなどを十分にできないまま育ってきています。そのことを心配されている保護者の方たちが、保養を経験して明るい元気な表情で帰られました。はじめての保養参加の方、いったん県外に避難したけれど福島に戻った方、臨月で3,11を迎え避難先で出産された方、それぞれの置かれた状況は異なっても、皆この4年半は悲しみ、悩み、苦しみ、悔しさの連続でした。地域で放射能のことを話題にできない、家族内でも考えが違うなど、涙ぐみながら語りあう夜の「女子会」も貴重な時間でした。2000坪の農地にある「かおりの郷」は誰に遠慮することもなく思う存分深呼吸ができる場でもあります。まだまだ整備の途上ですが、これからも、保養を継続していかねばならないと改めて感じています。保養をご支援くださった皆さま本当にありがとうございます。

41名が参加しました

東海大学
ボランティアのおにいさんたちと！

「こどものいえ そらまめ」から
園児・パパママ・先生がやってきた!

9月19日、福島県の「福島っ子自然体験・交流支援事業」制度を利用し福島市の保育施設「こどものいえ そらまめ」の園児、保護者、引率の職員の方がかおりの郷にみえました。園児さんたちの笑顔がはじけてました。

門間貞子そらまめ園長 から

9月19日から3日間かおりの郷に滞在しました。北海道へ行くのも、保育園のみんなとお泊りすることも初めてで、子どもたちはすごく楽しみにしていました。1日目は、えこりん村へ行き大きなかぼちゃやたくさんのトマトに子どもたちは驚いていました。夜ご飯はかおりの郷の皆さんの手作りの豪華な料理でとても美味しくて沢山おかわりしました。2日目はかおりの郷の畑で野菜収穫を楽しみました。放射能も気にしなくて良いので親も子どもも思いっきり土を触り収穫しました。お祭り・乗馬・釣り堀など自然の中で楽しめる1日になりました。3日目は復興庁の「自主避難者のための支援情報説明会」事業で避難された皆さんと交流会を行い意見交換しあい色々な話を聞くことができました。なかなかこのような機会が無いので良い経験になりました。この3日間放射能のことを考えず子どもたちも親も自然の中で伸び伸び過ごせたことをとても感謝しています。子どもたちも色々な体験をさせていただいて非常に良い経験になりました。また北海道に泊まりに行きたいと言っております。かおりの郷の皆さん本当にありがとうございました。

園長　門間 貞子

かおりの郷で野菜の収穫

保育士 二瓶さん から

往きのフェリーが揺れて大変な思いをして、北海道に着く前にもう帰りたいという思いが全員の脳裏をよぎった気がした。フェリーを降りたあとも揺れの感覚はしばらく続く。どうやら間の悪い時期に乗船してしまったらしい。大人はまだしも、これからの日程を子どもたちは乗り切れるのかという不安にも襲われた。保養とは何か、ネットで調べたところ「体を休ませ健康を養うこと」とある。乗り切るなどという言葉が湧いてくる時点でもう「保養」に向かうコンディションではなかったかもしれない。

かおりの郷到着。スタッフの方々とお会いしてお話を聞く。親子も引率の人間も温かく歓迎していただいて、ここに来て初めて保養が始まった気がした。おいしい晩ご飯をごちそうになって、自由時間。この頃には子どもたちの血の気もすっかり戻っていて1階と2階を縦横無尽に行き来しながら大騒ぎ。パパママが一緒で大好きな(と思いたい)先生もいて仲のよいお友だちとおもちゃがたくさんある空間で夜を過ごす。自分も童心に戻って楽しんでしまった。かおりの郷周辺の自然環境に美しい眺め、農業体験にコンサートと、至れり尽くせりの日程はあっと言う間に過ぎて、最終日には地獄のフェリーの朝からは想像もつかない程の、親子の晴れやかな表情を拝むことができた。毎晩の引率3名の「振り返り」も充実していた。子どもが芝生に寝転がっても気にしなくていいんだねという確認とか。普段、福島で保育していると忘れがちな感覚だった。帰る前夜の「振り返り」では「かおりの郷」スタッフの方々とも交流を深めることができた。苫小牧のフェリー乗り場まで見送りに来てくださり、最後まで暖かいおもてなしを感じることができた。本当にありがとうございました。二瓶は単独行動で札幌市営地下鉄を堪能しました。

そらまめ　保育士　二瓶 通

追悼 りうなちゃん

ほっかいどうもすきだったよね～

こんなにはやく、あなたとのおわかれの、ときがくるとは、
おもってもいませんでした。5ねんかんの　じんせいを
あなたはおおくのひとにあいされて、かけぬけていきました。
ほっかいどうのほようでは、ほんとうに　よくあそび　よくたべて
ボランティアのおにいさんやおねえさんを
おどろかせたり、げんきをあげたり～。ほんとうにありがとう！
あなたは　いたいことやくるしいことから、
かいほうされて、てんごくにいます。
これからは、あなたのぶんもいきる　おにいちゃんや、
ママやかぞくのことをみまもってくださいね。
ほっかいどうのことも、ときどき、
おもいだしてくれたらうれしいな～。
あいたいよ！
わたしたちは、いつまでも、りうなちゃんをわすれない、
こころのなかに、おもいでをだきしめていきていくよ。
またあうひまで、すこしのあいだだけ　さようなら！

小野莉羽奈（りうな）ちゃんは、福島県いわき市在住。守る会の保養にお母さん、お兄ちゃんと参加してきました。本当に明るい元気な女の子でした。2014年1月脳腫瘍を発症したと聞き、信じられない思いを抱きつつ全快をお祈りしてきましたが夏の保養には参加できてかおりの郷で遊びました。しかし9月以来、急激に悪化し12月に天国に旅立ちました。何もしてあげられなかった、無念です。ご両親のお気持ちを思う時言葉を失います。でも、今回、1年目を迎えるにあたり、りうなちゃんが生きていた証しの一端として追悼の一文を掲載させていただきました。

つながろう！ はじめの一歩

「避難の権利」を求める全国避難者の会が10月29日設立されました

全国に散らばる避難者がつながり合い、力づけ合って避難の権利を求めていきます。「被曝なき居住」「貧困なき避難」は、私たちの生きる権利であり基本的な人権です。住宅保障をはじめとする避難者の保障や、帰還者・居住者の課題に取り組んでいきます。小さなスタートですが、大きな力付けとなるようがんばります。避難者・帰還者の皆さんの入会参加をお願いします。

守る会理事／「避難の権利」を求める
全国避難者の会　共同代表
中手 聖一
hinannokennri@gmail.com

編集後記

今年、当会は、一時保養に来られる皆さんに、無農薬の野菜を提供し、花壇や敷地の整備を行い、自然と親しめる環境整備を行うために、農業部会が活動を開始しました。当初は、遊休農地で雑草や硬い土壌であったため、種まきや苗の植え付けを出来るようになるまでに、大変な労力と時間がかかってしまいました。それでも、夏休みの保養から野菜を提供することができました。しっかりとした味の美味しい野菜ができました。

保養の目的は、放射線による健康被害のリスクを減らすことにありますが、無農薬の新鮮な野菜を提供することにより、その効果はより高めることができると確信しています。野菜が実った畑では子ども達が真剣にそして楽しそうに収穫していました。やはり、自分達で収穫した野菜は格別で、沢山食べてくれます。

来年度は、早春からビニールハウスを設置し、夏休みの保養にとうきびなどもっと多くの夏野菜を提供する予定です。保養の意義や食の大切さを痛感する日々です。

広報＆農業部会　**尾形 秀司**

＊NPO法人 福島の子どもたちを守る会・北海道＊ 〒060-0807 札幌市北区北7条西5丁目 ストークマンション 1003号
携帯電話／090-6990-5447　メール／fkmamoru@gmail.com　URL／http://fukushimakids.org/

かおりの郷で子どもたちと
学生ボランティア

2016年

滞在時間を延ばすためにこの年から春保養は飛行機を利用することにしました。

事故後5年がたち、事故後に生まれた子供たちが半数を占めるようになり、通年保養も8月から11月にかけて5家族が利用、うけいれ隊の保養も1月と2月にかおりの郷で。申し込みが多く、参加できなかったご家族に連絡するのがつらかったものです。

夏保養はイベントが多く親子ともやや疲れが見えたので反省材料となりました。

春・夏ともに「ママカフェ」を開催し、お母さんたちに好評でした。

保養に参加して
Y.E

保養に参加後、
他県に移住

　私たちが保養に参加したのは、2015年、2016年でした。小学校低学年の子供を筆頭に、子供たち3人を連れての参加でした。当時、福島はまだ線量も低くはなく、学校以外の外遊びを一切させていなかった我が家はとにかく、自然の中で思いっきり遊ばせたいその一心で保養に参加しました。保養は初めてではなかったけれど、馴染みのなかった北海道で大丈夫だろうかと思いながら集合場所へ向かったのを覚えています。しかし、スタッフの方の包み込むような笑顔にすぐにその不安は吹き飛びました。

　保養期間はあっという間で、たくさんお友達もでき、いろいろな経験ができました。テレビがなくても、ゲームがなくても、朝から外! みなさんが見守ってくれる中で、自分もたくさん笑い、ゆったりと過ごすことが

できました。北海道では、初めてのことがたくさんありました。夏は、乗馬をしたり、虫を捕ったり、海で思いっきり遊んだり。冬の参加ではたくさんの雪に大興奮! ひたすら雪遊びの毎日でした。2度目の参加時には、安心できる家に戻ってきたようでした。メンバーにも恵まれ本当に楽しい時間を過ごすことができました。

　あれから5年、事情も重なり他県へ移住しましたが、北海道の保養生活はとても良いきっかけとなりました。生活の中で、不安でイライラしてしまうこともあると思います。でも、何か一つでも大丈夫と思えることがあることは心強いです。子供たちの元気な姿を見て、あのとき思い切って参加したこと、みんなと悩みを共有できた時間は今でも宝物です。

　いろいろな環境変化がめまぐるしく起こっていますが、子供たちが子供らしく、のびのび暮らせる日々を心から祈っています。

自分のできる形で
高松 徹

　原発事故からまもなく10年、この間、保養活動を続けてこられた貴会に対し心より敬意を表します。

　私が初めて「保養」の文字を目にした時は、その活動内容が分かりませんでしたが、その後の原発関連の講演などを聴く中で、「保養」とは、子どもの被ばくや自身の被ばくによる子どもへの影響に不安を抱き、また、心無い誹謗中傷に傷ついている多くの家族や避難者の方に、安心して笑顔でい

られる時間を過ごしてもらう活動だと理解しました。

　それ以降、何の責任も無い子どもたちから笑顔が消えるなんて、あってはいけない! と思い、自分が続けられる範囲で支援させていただいています。「これが誰かの笑顔の一助になる」と思うことで私も笑顔でいられますから。

　今、事故の風化が懸念されていますが、様々な支援の継続は「私達は決して忘れない!」というメッセージだと思います。いつの日か、誰もが幸せな日々を過ごせる健全な社会が訪れるまで、より多くの人に自分のできる形で関わっていただきたいと思います。

みんな元気でいて!
矢口 敦子 (運営委員)

料理は下手だし、運転はできないし、大勢の子どもを遊ばせる体力はないし…せいぜいニュースの発送といった裏方仕事かなと思いつつ運営委員になったのですが、いつの間にか病院への付き添い係になっていました。

病院への付き添いと言っても、怪我や突然発熱するなどの突発的病院搬送は、その時保養者と一緒にいた委員のお仕事。私の場合は、甲状腺に問題のありそうなご家族を病院で付き添うことです。

やはり、お母さんたちの一番の不安は、お子さんの甲状腺に放射能が及ぼす影響。地元の病院で膿胞があると言われたけれどちっとも説明がないとか、血液の数値が悪かったとか、お母さんたちは様々な心配を抱えています。ご自身の体調が悪いお母さんもいます。

なんともないと言われて安堵する様子を見るのは嬉しいけれど、再検査の指示を受けた方のことは今でも気がかりです。

皆さんが元気でいることを祈っています。

楽しいランチタイム

かおりの郷全景

4つの健康被害

松崎 道幸 (理事)

医師。ママ・カフェでのアドバイザー

福島原発事故から10年の現在、政府は否定していますが、放射線被ばくにより、子どもたちに少なくとも4つの健康被害が出ていることが明らかになりました。被ばく線量の多い地域ほど、①甲状腺がんが有意に増えており、②生まれた時の体重が少ない赤ちゃんが多く、③停留精巣という先天性疾患が増え、④複雑心奇形(心室中隔欠損症など)が増えていたことが、専門家の分析でわかりました。

人生のすべてがあった故郷に戻れない、放射線被ばくの心配を周囲の方々と共有できないという苦痛の大きさは察するに余りあります。

人類と共存できない原発(そして核兵器)によって、人間らしい生活が奪われたという歴史を繰り返さないために、私たちは皆様の思いを受け止めて活動を続けます。

新型コロナパンデミックもまた、原発と同様の強欲な経済体制の産物です。

私たちの活動が、次の世代に、より安全でひとりひとりの人生を大事にできる社会をプレゼントできるように頑張りたいと思います。

会が行ったアンケートより

避難から福島に戻り、もうすぐ1年です。

不安、悲しみ、苛立ち、喪失感と毎日戦う日々です。

でも、避難先での生活もそれに等しいくらい困難が多く、今は我が故郷に暮らせる安堵感を大切にし、出来ることをしながら暮らしています。その為にもこのような保養が絶対条件だと思っています。休みの度に、どこかに出向くようにしています。

保養を継続していくのは本当に大変なことだと思います。

本来国や県がしなくてはならないことを、このような形で続けて下さる市民団体の皆様には深く感謝致します。

正直、保養に年何度も行くのは、1年に何度か旅行することと一緒で大変です。金銭的にも厳しいものがあります。なので、参加費が抑えられているのはとても助かります。（資金集めは、とても苦労されていると思います…）

震災後、何かとお金がかかる生活なのに、保養に連れていく為、私が働くことが出来ません。それが今辛いところです。

初の北海道保養、3人でとても楽しみにしています。
お世話になります。

福島　T.T

本の紹介 BOOK

福島原発事故後、多くのルポが出版されました。そのうちのいくつかをご紹介します。

母子避難の理解を深めるには
「**母子避難**」吉田千亜／岩波新書

事故直後の放射線被ばくがろくに測定されなかった過程を丹念に取材したのは
「**福島が沈黙した日**」榊原崇仁／集英社新書

要経過観察でその後ガンが発症した患者は集計に含めないという福島県の県民健康調査について成り立ちから知るには
「**県民健康管理調査の闇**」日野行介／岩波新書

3.11から700日間原発で作業していた人の記録を読むには
「**福島第一原発収束作業日記**」
ハッピー／河出文庫

除染にかんする真相を知るには
「**除染と国家**」日野行介／集英社新書

帰宅困難地域とその周辺について知るには
「**白い土地**」三浦英之／集英社

3.11の前に出されていた警告が書かれているのは
「**原発と地震**」新潟日報社特別取材班／講談社

東京電力の刑事裁判について書かれているのは
「**東電刑事裁判で明らかになったこと**」
海渡雄一／彩流社

福島原発事故前に起きたチェルノブイリ原発事故の被災者の声を聴くには
「**チェルノブイリの祈り**」
スベトラーナ・アレクシェービッチ／岩波現代文庫

NPO法人
福島の子どもたちを守る会・北海道
《ニュースレター》2016年 初夏版

福島の子どもたちを守る会
JAPAN FUTURE FOR FUKUSHIMA CHILDREN HOKKAIDO

共に生きる

春休み保養報告

あの日から5年がすぎて

　2011年3月11日。東日本大震災とそれにともなう東京電力福島第一原子力発電所の過酷事故。「福島の子どもたちを守る会」は2011年6月11日に、放射能の影響が心配される福島原発事故に被災された方たちの支援を目的に設立されました。夏休みから福島の幼い子どもたちと保護者を北海道に招き、放射性物質の汚染の少ない食材・空気・水のなかで過ごしてもらうための一時避難（保養）をスタートさせました。これまでに14回、400人を超える親子に参加していただきました。2014年には全国の皆さまのご寄付で、札幌市南区八剣山に、保養所「かおりの郷」を開設することができました。今年の春休みには10家族33名が参加されました。保養は観光旅行ではありません。生きるための緊急避難であり、54基もの原発を止めることができなかった福島の子どもたちへのせめてもの贖罪です。

　あれから5年。事故当時、関心は高く、避難場所として札幌でも、公的なホテルや旅館はすべて無料、寄付金も1000万円を超えるほどでした。しかし今、歳月の流れとともに人々の記憶から次第に忘れ去られています。2016年3月12日の北海道新聞によると避難者支援の寄付はピーク時の30分の1とのこと。また、福島では、原発や放射能のことはすでにタブーです。放射能の不安や、保養のことを話すと、まだそんなこと言っているのか、神経質すぎる、と批判されます。孤立した保護者の方たちは、誰にも言えないまま黙って、北海道にやってくるのです。現在保養に参加する子どもたちは事故以後誕生した子どもも多く、生まれた時から外遊びや水遊びを制限されたなかで育っています。保養では、思い切り深呼吸してもらい、泥遊びや、野菜の収穫をします。そして、遊び疲れた子どもたちが寝静まった夜の、ママ会。福島ではなかなか口に出せない、あふれる思いがほとばしるように、夜更けまでおしゃべりが続きます。この場はママたちのリフレッシュや共感の場。放射性物質からの解放だけでなく、精神的な解放にも大きな意味があり、この体験を心に刻み又福島へ帰っていきます。

　5月10日、栃木の小学校給食のタケノコから、234bqのセシウム137が検出されました。福島県内には今も放射性管理区域以上のセシウム137が検出されている場所があります。2月15日発表された福島県県民健康調査の結果では小児甲状腺がんが11月より14名増加し166名になりました。（2面に続く）

定山渓のシンボル・カッパの像と

①

（1面から続く）

2016年5月14日札幌で「こどもたちを放射線障害から守る全国小児科医の集い」が開かれました。当日の発表によると、国際環境疫学会が福島での甲状腺ガンを「異常多発」とし健康障害の進行を認めました。一方、政府や県は事故とガンの因果関係を認めないばかりか避難指示区域の解除や、自主避難者への住宅費支援を来年3月で打ち切ると発表し、事故の収束をはかろうとしています。札幌にも1100名を超える自主避難の方たちがいますが、帰還か、経済的な困窮か、が突きつけられています。被害者が苦しみ、肩身の狭い思いをし、加害者が賠償や帰還や原発再稼動を決めています。熊本地震で、震度4だった鹿児島の川内原発は今も稼動しています。福島の教訓が生かされていないことに被災者の方々の失望は一層増しています。

私たちは今後も、子どもたちの健やかな育ちのために「避難の権利」を認めるよう関係機関に働きかけるとともに、保養の受け入れに力を尽くしたいと新たな決意でおります。これまで当会を支えてくださった全ての皆さまに心からの感謝を申し上げます。

理事長　山口　たか

春保養 親子ですごす春休み in 北海道!

たくさん遊んだよ〜

一時保養"親子ですごす春休み in 北海道!"を3月26日（土）〜4月3日（日）の日程で実施しました。

総勢10家族33名がA，Bの2班に分かれて保養施設"かおりの郷"と定山渓"渓流荘"に滞在していただきました。A班5家族17名、大人5名、小学生2名、幼児8名、乳児2名。B班5家族16名、大人7人、中学生1名、小学生7名、幼児2名、乳児1名。

主な行程は26日福島空港、仙台空港より飛行機で新空港へ ⇒ 同日かおりの郷（B班）と札幌市職員共済組合定山渓保養所渓流荘（A班）へ移動 ⇒ 4月3日（日）新千歳空港から福島空港、仙台空港へ移動 ⇒ 夕刻到着以降解散。

期間中、まだ雪が残っている札幌の自然の中で過ごしていただきました。子ども達はスキーやそり滑り、かまくらや雪だるま作りなどの雪遊びを楽しんでいました。

滞在中は連日、小金湯温泉"まつの湯"さん、「渓流荘」さんのご厚意で温泉を利用させていただきました。

また希望者には、医師による健康相談や甲状腺検査を受けていただきました。夜は、スタッフも交えて語らいの時間を持ちましたが本音をだすことができる場でもあり、心の重荷をほんの少しでも降ろしていただけたかなと思っています。食事は、出来るだけ北海道

おいしいピザつくり

餅つきやピザを作ったり
定山渓ビューホテル水の王国"ラグーン"で楽しみました。

産の食材をご用意しました。お米や野菜の多くは有機や無農薬の野菜を複数の支援者からご提供いただき、とても美味しくいただくことができました。

　参加者のみなさんと過ごす中で、保養の機会が減ってきて参加することが難しくなってきていること、健康被害のリスクから子ども達を守るために、大変なご苦労をされていること等をお聞きしました。私たちは今後も保養を継続していくことを決意しています。さらに、支援する人、される人の関係から「共に生きる」関係を作って行こうと決意を新たにしています。原発事故の翌年、「原発事故子ども・被災者生活支援法」が施行されましたが、政府は同法の基本理念にある、被災者自らの意思による居住、

移動、帰還の選択の支援、子ども（胎児含む）および妊婦に対する特別の配慮、放射線影響の長期間にわたる確実な継続支援等を放棄しています。一部実施されていた一時避難のための住宅支援も打ち切られようとしています。甲状腺ガン、またはその疑いや様々な病変が報告されているにも関わらず、因果関係はないと断定し対策を怠っています。（1面参照）こうした切り捨てともいえる政策のなかで、子ども達の健康を守るためには一時保養がこれからも必要です。一時保養が継続できるよう、ご支援をお願いします。子どもたちの未来のために、ともに行動していきましょう。

運営委員　尾形秀司

「親子で過ごす夏休み」保養のボランティアをしてみませんか？

　当会では、放射線量の高い地域に住む子どもたちやそのご家族が放射能の影響から免れ心身の健康を取り戻すこと、ストレスを解消しリフレッシュしていただくことを目的に北海道での一時保養を実施しています。大勢のボランティアの方のご参加をお待ちしております。

✿ ボランティアの内容
滞在場所でのうけいれ準備（屋内外の清掃・備品の移動等）、野外活動の付き添い、子どもたちの遊び相手、託児、食事づくり、などです。

✿ 活動期間と時間
7月24日（日）〜8月7日（日）まで。基本的には10時〜17時頃（日によって変更する場合あり）。1日だけの参加や希望の時間帯の参加でも結構です。

✿ 参加条件
参加される方には交通費とボランティア保険料を当会が負担いたします。

✿ 活動場所
保養施設 "かおりの郷"（札幌市南区砥山188-2）

ご希望の方はEメール・TEL・ハガキでご連絡ください。

③

イベント報告

～ 3,11 あの日から5年 ～
福島原発事故は終わっていない
—講演とトークの集い

2016年3月5日、崎山比早子さん（福島原発事故国会事故調査委員会委員）と当会理事・松崎道幸さん（医師）による講演会と、当会の川原茂雄理事がコーディネーターをつとめ、お二人のクロストークを開催しました。このイベントは札幌市さぽーとほっと基金の助成をいただき実現しました。当会は毎年3月11日を心に刻むため、様々なイベントに取り組んでいます。昨年は日独平和フォーラムベルリン代表オイゲン・アイヒホルン博士をお招きして、福島原発事故後、原発から撤退を決めたドイツと、事故はコントロールされているとして原発再稼動を進める日本との大きな「哲学」の違いを伺いました。

今年は、収拾できない汚染水や廃棄物の問題、心配される福島の子どもたちの健康被害などについて専門家のお二人から非常に貴重なご報告を伺いました。原発事故は終わっていないことを改めて認識しました。会場のクリスチャンセンターには200人近い方が集い、熱心に耳を傾けました。

3月5日 講演とトークの集い

福島の子どもたちを守りたい!
in チカホ
出前授業×ストリートライブ

4月2日、札幌市地下歩行空間において、多くのミュージシャンが集い、恒例のチャリティライヴが行われました。3月末に当会の川原茂雄理事が福島を訪問して見てきたことを中心に出前授業をし、合間に、主旨に賛同して出演してくださるミュージシャンの演奏がありました。今年は春休み保養中の福島の親子の方たちも参加し、様々なジャンルの楽曲を楽しみました。ご出演のミュージシャンの皆さまありがとうございます。

※その他、多くの団体、企業から継続して福島の子どもたちへのご支援をいただきました。心より感謝申し上げます。

◎春休み保養会計報告〈収支決算書〉

	項　目	予算額（円）	決算額（円）	予・決の差	内訳
収入	自己資金	240,000	230,000	▲10,000	会費（20,000円×9人、5,000円×8、10,000円×1名）（1家族減免）
				0	事業収益
		250,000	867,070	617,070	当会負担
	さぽーとほっと基金助成金	500,000	300,000	▲200,000	札幌市
	その他の補助金・助成金	100,000	100,000	0	北海道教職員組合
	寄附金・協賛金	210,000	500,000	290,000	
	その他			0	
	計	1,300,000	1,997,070	697,070	
支出	助成対象事業	報償費	20,000	5,000	▲15,000	お別れ会講師交通費
		役務費	70,000	70,520	520	切手代
				16,500	16,500	ボランティア保険（一人@300円）
		使用料・賃借料	350,000	135,880	▲214,120	バス135,880、会場費7526
		備品費・消耗品費		6,951	6,951	インク代
		旅費	650,000	962,540	312,540	保養者宿泊パック957,100、高速道路5,440
		その他	15,000	72,300	57,300	プール代金（定山渓ビューホテル）
		小計	1,105,000	1,269,691	164,691	
	助成対象外経費	食費	100,000	552,294	452,294	渓流荘食費415,010、かおりの郷食費77,284、保養者昼食補助60,000
		交通費	50,000	108,641	58,641	ボランティア交通費
		その他	35,000	50,394	15,394	お別れ会
		雑費	10,000	16,050	6,050	松の湯お風呂代
		小計	195,000	727,379	532,379	
	計		1,300,000	1,997,070	697,070	

編集後記

アメリカのオバマ大統領が、広島を訪問し、核兵器からの廃絶を述べました。核兵器の非人道性にも触れましたがその威力の桁違いの大きさはもとより、放射能の影響が何世代にもわたることが他の兵器との違いです。しかしどんな兵器であれ戦争の非人道性は変わりません。そして放射能の影響については核兵器でなくても原子力発電所の事故が世界規模、世代を超えることも同様です。核兵器の廃絶だけでなく原子力発電も、すべての兵器も（いいえすべての戦争も）なくしてほしいと、願わずにはいられません。　　　　（T）

＊NPO法人 福島の子どもたちを守る会・北海道＊ 〒060-0807 札幌市北区北7条西5丁目 ストークマンション1003号
携帯電話／090-6990-5447　メール／fkmamoru@gmail.com　URL／http://fukushimakids.org/
〈ゆうちょ振替口座〉福島の子どもたちを守る会・北海道 02790-5-66504

④

NPO法人
福島の子どもたちを守る会・北海道
《ニュースレター》2016年 秋版

共に生きる

子どもたちに思い切り遊べる環境を！
～終わらない旅
夏休み保養報告

　2016年夏休み保養キャンプ"親子ですごす夏休みin北海道！"を7月23日（土）～8月8日（月）の日程で実施しました。今回で16回目です。札幌市南区八剣山地域にある保養所「かおりの郷」だけでは6家族しか滞在できないためできるだけ多くのみなさんに参加していただけるよう、総勢39名がA班6家族18名（大人6名、小学生8名、乳児4名）、B班7家族21名（大人8人、小学生5名、乳幼児8名）に分かれて北海道に滞在していただきました。

　◇主な行程　23日郡山、福島よりチャーターバスで仙台港へ、フェリー（仙台～苫小牧）で24日苫小牧着。札幌（かおりの郷）、蘭島（海水浴）、蘭越、定山渓温泉に滞在しました。8月7日には苫小牧を発ち、8日仙台港からチャーターバスで福島、郡山、いわきで解散。真っ黒に日焼けした子どもたちは元気に帰っていきました。

　保養所「かおりの郷」では無農薬で育てた野菜を子どもたちに収穫してもらいました。キタキツネや鹿や蛇に遭遇することもあります。蘭越町では農家からご招待を受け、芋ほり体験。小樽市蘭島では太陽財団の海の家をお借りして海水浴を楽しみました。また札幌市内では、北海道新聞社様より豊平川の花火大会と札幌ビール園でのジンギスカンにご招待をいただきました。かおりの郷に滞在中は連日、小金湯温泉"まつの湯"様のご厚意で温泉を利用させていただきました。午後

のママカフェや、夜の、スタッフも交えての交流会は、ママたちの福島での悩みや希望を受け止める貴重な時間でした。今回だけでなく、16回の保養を無事終えることができた背景には、東海大学の学生さんを含む延べ100名をこえるボランティアの皆さまのお力、そして、多くの個人、団体の方からのご寄附や食材の提供、土田英順さんのチェロのライブ、桂福丸さんの落語を聞く会、岸田典大さんの絵本パフォーマンスなどなど、実に多くの皆さまのお支えがあるということを実感する日々でもありました。

　東日本大震災から6年目にはいりましたが、8、9月に相次いで上陸した台風の影響で、福島原発敷地の汚染水があふれています。周辺のダム底に高濃度のセシウムが堆積していることも分かりました。政府は来春をめどに帰還困難地域を除き避難指示を解除しようとしています。子どもの甲状腺検診の縮小が検討される、自主避難者への住宅家賃支援が打ち切られるなど、福島に住む人にも避難している人にも不安は尽きません。保養の参加者には震災後生まれたお子さんも増えてきました。「福島の方々に寄り添う」ということを言葉だけで終わらせないために、それらの課題に取り組むことと合わせて、保養を受けいれる側として、共感できる能力をもっと身につけられたら…と思う日々です。皆さまのご支援に心よりお礼申し上げます。

　　　　　　　　　　　　理事長　山口 たか

土田英順さん
チェロライブ

東日本大震災で壊れたチェロを修繕して
演奏されています

　4月下旬に福島を訪れました。大震災後では3度目の訪問でした。この時は6日間の滞在で6回コンサートを行いましたが、伊達市立小国小学校へも行き、子どもたちにチェロの音色を楽しんでもらいました。

　この小学校は、大震災前は70名生徒がいたそうですが、今年度は23名しかいませんでした。原発から約55km離れた地区ですが、放射能汚染で避難指示が出たため、避難した家族が多いためだそうです。3分の1に減ってしまった子どもたちは、心なしか淋しそうでした。

　教頭先生のお話では、汚染のため、子どもたちは未だに通学路を徒歩で登下校することが出来ずにバスで通学し、運動会も汚染の不安から、昼で打ち切り解散するそうです。

　そのような状況にある福島の子どもたちの健康を心配して、全国各地の人々が毎年子どもたちを招いています。「NPO法人　福島の子どもたちを守る会　北海道」もその一つです。

　僕は「守る会」が招いた親子のために、一昨年に続いて、今年も7月と8月に親子が滞在している蘭越町の小さなコンサート・ホールでチェロを弾きました。ピアノ伴奏は隣町の小学生3人と中学生2人にお願いし、「G線上のアリア」、「アヴェマリア」、「白鳥」などのクラシックの名曲と、子どもが大好きな「となりのトトロ」や「もののけ姫」、「千と千尋の神隠し」、それと、「ぞうさん」、「メダカの学校」、「夕焼け小焼け」などの童揺を弾きとても喜ばれました。

　終演後はお母さんたちと交流会があり、福島の現在の状況を聞かせて頂きましたが、放射能汚染を心配することなく、きれいな空気を胸いっぱい吸い、海水浴や農業体験、自然体験など、心身共にリフレッシュ出来る保養の必要性を強く感じました。

　夕食時には山の麓にある保養キャンプ場へ行きました。子どもたちは、プレゼントしたばかりのクレヨンとお絵かき帳を使って、お礼のメッセージを書いてくれました。"ありがとう"の一言だけでもよいことなのに、それだけではなく、絵を描き、メッセージを添えて感謝の気持ちを伝える子どもたちは素晴らしいと思いました。

　今年の夏の参加者は13家族、39人…来年は別のご家族がいらっしゃるのかな…また北海道のチビッコピアニストと一緒にチェロを持って行きますよ。

チェリスト　**土田　英順**

つちだえいじゅん ★ 日本フィル・札響などで主席チェリストを歴任。現在はソロでご活躍されています。

ドイツ・ウルム市の高校生もかおりの郷に滞在しました

自分たちで組み立てたテントでお昼寝

蘭島海水浴場・太陽グループ海の家で

東海大学の学生さんが沢山遊んでくれました

住居の保障を守ることは
"避難生活を守ること"

　今も北海道に避難生活をしている原発事故の区域外避難者（いわゆる「自主避難者」）は、登録されているだけで2000人を超えています。その多くは、雇用促進住宅や民間借上住宅などの「みなし応急仮設住宅」で暮らしています。全国合計では「みなし応急仮設住宅」に入居している人の数は、79000人にも上ります。日本政府と福島県は、平成29年3月でこの応急仮設住宅の提供を打ち切る方針を打ち出しています。

　事故発生から5年半が経ち、移住・定住などに向けて歩み始めている避難者もたくさんいますが、一方で母子避難に代表される働きたくても子どもが幼くて働けない、また夫婦間の意見が一致できないなどの理由で、生活再建がままならない避難者も多くいます。

　無償の住宅提供が打ち切られれば、そのような避難者は生活の基盤である住居を失うことになり、避難を続けることが困難になります。住宅提供の打ち切り方針発表後、既に少なくない避難者の仲間たちが、本意ではない帰還をしています。

　放射能汚染が解決していないことは、避難者なら誰でも知っています。事故そのものがいまだ収束し

ていないことも知っています。住宅提供の打ち切りは、実質的な被曝と危険の強要とも言えることなのです。

　今年に入り、避難当事者らの各団体が住宅提供の継続を求め、福島県や日本政府と交渉を続けています。全国組織の避難・被害当事者4団体が合同で政府交渉をする動きもあります。私の所属する「避難の権利を求める全国避難者の会」もそのひとつです。

　また、日弁連も住宅提供の継続の意見書とともに、10月26日に東京の議員会館で院内集会を開きます。同じ日の午後には、当事者と支援者の合同組織「原発事故被害者の救済を求める全国運動」の署名提出・アピール行動も行われます。

　もう時間がない、もうあとがない、そんな思いでみんな行動しています。どうかご参加ご協力をお願いします。

守る会理事　**中手 聖一**
（自主避難者）

泳いだあとのジンギスカンは格別！

ボランティアさん募集

守る会の保養受け入れは6年目。参加希望者はまだまだ沢山いらっしゃいます。当会は理事、運営委員もすべてボランティアで活動しています。保養中の食事つくり、子どもとの外遊び、野菜収穫…。ぜひ、あなたのおカをお貸しください。ご連絡をお待ちしております。

③

報告 総会終了しました

　6月25日、当会の総会が行われました。事業計画、予算案などが審議され可決いたしました。また、今回は改選期でしたので、新たに、2名の方が理事に就任してくださいました。退任されました矢口以文理事には当会立上げからお力をお借りいたしました。心よりお礼申し上げます。

　理事会で互選の結果、理事長に山口たか、副理事長に泉恵子が再任されました。理事会一同、よりよい保養、当事者に寄り添った保養をめざし奮闘してまいります、どうぞよろしくお願い申し上げます。

理　事	池田賢太・泉恵子・乾淑子・川原茂雄・高田道雄・中手聖一・前田正宏・松崎道幸・宮島豊・山口たか
新理事	堀元進・鈴木隆司
監　事	小林久公

農業部員募集中！　かおりの郷で、一緒に畑作り、ガーデニングをしませんか？
お問い合せ 尾形 ogatas922@gmail.com

報告 農業部会報告

　今年は、天候不順で作物の出来が心配でしたが、ビニールハウスの利用を開始していたため、夏休みの保養には収穫が間に合いました。保養に来られたみなさんに収穫体験をしてもらい、採れたての無農薬野菜を食べていただきました。たくさん食べてもらえました。その他、気持ち良く"かおりの郷"の自然に親しんでいただくために、花壇とハーブガーデンの手入れを行っています。

イベント予告

12月3日午後〜映画「人間の戦場」上映会とジャーナリスト・広河隆一さん「パレスチナ・チェルノブイリ・福島・沖縄そして北海道」講演会を予定しています。（クリスチャンセンター）
詳細はこれから決定します、ぜひおいでください。

◎夏休み保養会計報告〈収支決算書〉

	項　　目	決算額（円）	内　　訳
収入	保養参加費	390,000	大人30,000円、小学生以上5,000円
	さぽーとほっと基金助成金	500,000	札幌市助成金
	その他の助成金・寄付金	2,230,876	
	計	3,120,876	
支出	報償費	30,000	絵本パフォーマンスイベント代
	役務費	16,500	ボランティア保険
	使用料・賃借料	996,526	貸し切りバス、ジャンボタクシー代
		528,160	保養施設（蘭越町、渓流荘）
	旅費	700,600	フェリー代
	ボランティア交通費	246,284	
	食費	491,732	
	備品費・消耗品費	53,347	インク代、クリーニング代
	雑費	46,300	松の湯入浴料
	その他	11,427	食品検査
	合　　計	3,120,876	

編集後記

　先日、北海道電力主催泊原発の安全対策に関する説明会に参加しました。約500人が出席。「再稼働しないほうが安全ではないか」という会場からの意見に対し、北電が「それは多分その通りだ」と述べたことは驚きでした。それなら、やめよう、再稼働！改めて思います。　　　　（T）

＊ NPO 法人 福島の子どもたちを守る会・北海道＊　携帯電話／ 090-6990-5447
〒 060-0807 札幌市北区北7条西5丁目 ストークマンション 1003号
メール／ fkmamoru@gmail.com　URL ／ http://fukushimakids.org/
〈ゆうちょ振替口座〉福島の子どもたちを守る会・北海道 02790-5-66504

渓流荘の食事はおいしかった

2017年

　春夏ともに往復は飛行機を利用することにしました。また、夏の蘭越での保養は中止し、「かおりの郷」と渓流荘に滞在することになりました。学生ボランティアが大活躍、「かおりの郷夏祭り」では盛り上がりました。野菜の収穫体験も大好評でした。

　6月に「かおりの郷」の家賃が発生するようになり、大家さんと賃貸契約書を取り交わしました。

　全国の保養団体で「旅行業法」についてのコンプライアンスの問題意識を共有しました。一方で、いまだに保養を知らない家族にどのように情報を届けていくかが課題となりました。

> 桑折町から保養後、
> 札幌に避難

あっという間の10年

吉田 しのぶ

　東日本大震災からもうすぐ10年になろうとしています。当時4歳と1歳の子どもたちは中学2年の14歳と小学5年の11歳になりました。

　この10年あっという間でしたが1日でも原発事故の事、福島の事を忘れた日はありません。事故が起き、子どもたちの健康の事だけを考え色々な場所に保養に行き必死だった日々、子どもたちに色んな症状が出てきて避難をきめた事。

　守る会の皆さんにお世話になり北海道の方々の優しさにふれ札幌に避難を決め、母子で生活をし今日も元気に生きています。健康でいられること、生きていること、当たり前ではないとあの日から思いながら毎日を過ごしています。1日も早く原発が廃炉になり、社会全体誰かが犠牲になりながら成り立つ仕組みがなくなる日が来るようにと願っています。

「札幌は空気が軽かった」

若月 美緒子

2016・17年に数日「かおりの郷」で調理ボランティアをさせていただきました。みなさんが「安心な食材を」「喜んでもらえるメニューに」と奮闘されている中で、少しでもお手伝いができて良かったです。その際、「ママカフェ」という保養に来られたお母さんたちがお医者さんを囲んで語り合う会があり、後ろでお話を伺ったことがありました。「放射能汚染の不安を、『かおりの郷』に来てようやく口にすることができました」と言いながら涙がこみあげていらした姿に、被災地で身近な人とさえ放射能の話ができない厳しい状況が伝わってきました。

後日見せていただいた子どもたちの感想カードでは「札幌は空気が軽かった」のひとことが印象に残りました。どこでも思いっきり深呼吸できることを「軽い」と表現したのでしょうか。保養運動の大切さを実感しました。

これからもできる形で応援していきたいと思います。

「福島の子どもたちを守る会・北海道」
10周年によせて

中村 康江

私は札幌ユネスコ協会のメンバーとして、ユネスコが活動している東日本大震災子ども奨学金支援のご縁で、2017年よりボランティアに参加させていただいております。

2017年、奨学金活動につなげるために福島の今を視察する際、守る会の小林さんに現地「こどものいえ　そらまめ」の園長と、子育て世代の方々をご紹介いただきました。おかげで現地では、報道では知らされていないお母様たちの切実な声を多く伺うことができました。やり場のない不安や、親も子も抱える計り知れないストレス…胸が塞がる思いでお聞きしました。

昨年11月の道新に「台風19号による大雨で除染廃棄物36袋が流出し不明となった」という記事が小さく掲載されていました。2017年の視察から2年が経っていましたが、その記事を目にした時、福島で見た、至るところに山積みされていた除染廃棄物の入った黒いフレコンパックの情景が脳裏によみがえりました。国のずさんな管理は、福島の子どもたちの安心安全な生活には程遠いと憤ります。

保養でいらしたお母様が屈託なく遊ぶ子どもたちを見ながら、「ここでの数週間が日常です」と静かにほほ笑むお顔が私には忘れられなくて、少しでもお力になりたいと思うのです。

初めてのボランティア（2017年 夏保養）

張山 雄一（運営委員）

最初は2016年6月でした。原発事故で被災された方々に、福島の現地に行って何か力になれるようなことができないかネットで探し始めました。

水の配達など私でもできそうなボランティアがありましたが、現地滞在の費用と時間の面で無理でした。そんな中「福島の子どもたちを守る会」のホームページをたまたま見つけ、札幌で福島の人たちへの支援を行っている団体があることを知りました。

ボランティアの内容は夏休みに札幌市の八剣山山麓で、福島の子供たちの保養をするということでした。

この付近はよく訪れていた近くの場所であり、ホームページをよく見ましたが、あやしい団体でもなさそうでしたので（笑）ボラとして保養に参加することにしました。（残念ながら私事にて、この年は急に参加できなくなりました。）

明けて2017年の夏保養が初めてのボランティアとなりました、仕事もあるので土日のみの参加としました。どんな事をすればいいのか、何ができるのか手探りでしたが、スタッフのかたから「子供さんとあそんでいればいいんだよ」とやさしく声をかけていただき気持ちが楽になりました。

八剣山そばの「かおりの郷」と定山渓の「渓流荘」でボラをしましたが、子どもたちは皆元気で、よく遊び、よく食べていました。参加日数は少なかったですが、印象に残ったのは「蘭島の海水浴」と「定山渓ハイキング」です。海水浴では北海道で初めて海に入りました（ちなみに埼玉県出身です）。一日のスケジュール終了後ボラ同士で一泊となりましたが、この夜みんなで話し合ったことは忘れられません。

定山渓ハイキングでは団体グループと離れてしまいましたが、受け持ちの子供さんと別コースでゆっくり回り一緒に散策をして喜んでいただきました。

私にとってはいろいろな経験をさせていただいた年になりましたし、「保養」という避難について考えることがスタートした年です。

学生ボラのみなさんと一 かおりの郷

大学生のお兄さんと

美しい野と山と海の福島を
日本カトリック正義と平和協議会平和のための脱核部会

東京電力福島第一原発事故からあっという間に10年が経ちました。あの時はじめて北海道に保養に旅立った子どもたちは、今どんな大人に成長しているのでしょうか。できるだけ元気で健康的でいてほしいと切に望みます。カトリックの支援が、子どもたちの健康のために少しでも役立っていたら嬉しいです。事故の収束はまだまだ遠い未来のことですが、いつか、美しい野と山と海の本来の福島が戻ってくるまで、政府が復興への取り組みの責任を最後まで放棄することなく、丁寧に成し遂げるよう、皆さんと一緒に、事態を厳粛に見つめていきたいと思っています。

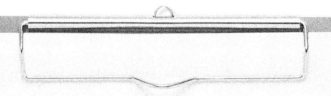

子どもたちは外遊びが大好きで、幼稚園やその帰りにもいっぱい公園で遊んでいます。心のどこかでは、汚染されている砂、葉、どんぐり…だよなあと感じていますが、外遊びをやめさせたり、制限したりはしていません。

福島で生まれ、福島で生きていく以上（仕事もずっと福島）、避けることはできませんし、震災後に生まれた子どもたちにとっては何ら変わらない日常です。周りの友達も何も言わず一緒に楽しく遊んでいます。誰も声に出して「汚染」「放射能」について話すことはありません。今更言える空気ではありません。

そんな中で、少しでも遠く離れた土地で思いっ切り遊ばせ、深呼吸してみたい、心も体も自由になりたいと思ってしまうときがあります。そのため、このような保養があること、支援してくださる人がいることがとてもありがたいです。今回の保養では、子どもたちに北海道のよさ、魅力を感じてもらいたいなあと思います。そして、集団生活の中でも成長が見られたら嬉しいです。

福島 K.R

会が行ったアンケートより

NPO法人
福島の子どもたちを守る会・北海道
《ニュースレター》2017年 春・初夏版

共に生きる

春休み保養報告 不安や分断をのりこえて
〜 つながり 前へ進もう 〜

東日本大震災・東京電力福島発電所の過酷事故で被災した方々を北海道にお招きし、放射能から免れゆっくり外遊びを楽しんでいただこうと始まった「守る会」の活動。震災から6年が過ぎ、被災された方々も、私たち保養の受け入れのスタッフも6才歳を重ねました。時は流れ震災前にもどるすべはありません。1回目の保養に参加されたお子さんが、今春室蘭の大学に入学されたと聞き、深い感銘を受けました。また、最近の保養参加者は震災後に生まれたお子さんが増えてきたことを実感します。

2017年は「親子で過ごす春休み in 北海道」を3月27日から4月3日まで、実施しました。福島の13家族41名が、札幌市南区の八剣山保養所「かおりの郷」をはじめ定山渓温泉や小金湯温泉でリフレッシュ、そり遊び、散策などの自然体験、餅つき大会や動物園見学で楽しいひと時を過ごし、福島へ帰られました。また、医師のご協力をいただいた「ママカフェ」ではお母さんたちの不安や悩み、福島の現状も語られました。

政府や福島県は2017年3月31日で、雇用促進住宅や民間借り上げ住宅を「みなし応急仮設住宅」と位置づけて自主避難の方々へ無償で住まいを提供してきた施策を打ち切りました。4月1日には、帰還困難地域を除き、避難指示を解除、福島への帰還を勧めています。そのため、福島第一原発は未だ、事故の収束ができず、近隣には除染で出た廃棄物が山積になっている現実に不安を抱えながら、少なくない避難者の方々が本意でない帰還をしているのです。そんな状況下での春休み保養でしたが、自主避難していた地域から福島へもどった親子も参加されました。福島へ帰還して、春や夏の休暇に県外で保養をすることを選択されたのです。一方で、放射性物質のことはもう気にしない、政府が安全というので安心だ、と考える方が多数いらっしゃるのも事実です。それぞれの考えが微妙に絡み合い、本音が言えない日々が福島では続きます。当会は、自主避難の方々、福島で暮らすことを決めた方々、それぞれの選択を尊重し、被災された方々が価値観の違いから分断されることのないような支援をしたいと考えています。「原発事故・子ども被災者支援法」にもあるように、事故の責任は、電力会社だけでなく国にもあります。国は「避難の権利」を認め住宅無償提供を継続すべきですし、市民団体に依存している保養へ公的に支援をすべきです。自主避難者に対して「自己責任」といい、震災が「東北でよかった」と言うような国の姿勢には声をあげていきたいと考えています。

無事、終了した春休み保養。ご支援くださった多くの皆さまに心からお礼を申し上げますとともに、福島で暮らし続ける方々が希望すればいつでも北海道で静養できるよう、引き続き見守っていただけましたら、こんなうれしいことはありません。まことにありがとうございます。

NPO法人福島の子どもたちを守る会・北海道
理事長 山口 たか

福島の声を 聞いてください

春休みの保養に参加された保護者の声の一部です。被災された方に寄り添うと言葉でいうのはやさしいけれど、実際には難しいことを痛感します。保養を通じ、考え、学ぶ、試行錯誤の日々です。

☆ 震災から6年が過ぎようとしていますが心配はますます増えているように感じます。放射能のことも保養のことも気心の知れた友人としか話せません。甲状腺検査の打ち切りなど疑問に思う事が多いです。尿のセシウム検査などやってみたいのですが、子どもに実際出たら（検出されたら）ショックで打ちのめされてしまうと思うと怖くてできません。食べ物や水にも気をつけていたのに娘に「のう胞」が見つかった時のショックはわすれられません。　（S）

お餅つき

歓迎会

☆ 昨年、避難先から福島にもどりもうすぐ1年です。不安、悲しみ、苛立ち、喪失感と闘う日々です。でも、避難先での生活もそれに等しい位困難が多く、今は我が故郷に暮らせる安堵感を大切にし、出来ることをしながら暮らしています。そのためにもこのような保養が絶対条件だと思っています。　（T）

☆ 学校の休みのチャンスに数日でも福島を離れてきれいな空気の中で子どもたちを過ごさせたいという思いで参加させていただきました。雪で遊ぶのは初めてでしたのでワクワクしました。雪の上を歩いただけで最高に楽しかっ

たです。この8日間子どもたちの元気に遊ぶ姿を見ることができて幸せで癒されました。

ママカフェでスタッフの方とお話させていただいたあと、（福島を離れないと危険だよ）（母親の責任だよ）と柔らかな言葉で言われた気がして（やっぱりそうだよね）とそれができていない自分を考えてどっと沈んでしまいました。あれから6年たって疲れてしまい危険情報はもう沢山だと受け入れる余裕がなくなっていました。同時期に大阪に保養に行った友達から、保養先で移住を進められて「福島に住んでいると危険感覚が麻痺するんだよ」「福島の人の目は死んでいる」などとグサリと刺さったと連絡がきました。

今回の保養で友だちになったお母さん方とこの話をグループメールしました。

「新学期が進んでいく現実とは裏腹にどこかで北海道に移住できたら…でも踏みだせない現実が歯がゆい」「多少なりとも麻痺しないとノイローゼになる」とすぐ連絡がきました。

こうして保養を通じて繋がれたお母さんたちと気持ちが話せるだけでほっとしています。そして何よりも守る会の皆さまに出会えてとても幸せです。福島の子どもたちは厳しい環境下にありますが一方で幸せでもあるのだと感じました。

今回、時計台、道庁赤レンガ、札幌ビールの☆マーク、テレビ塔近くの銅像に「希望」という文字を見て、又、厳しい冬を想像して開拓者精神が今の私たちと重なりました。未開の地を開拓していく勇気と心で恐れずに行動したいと思いました。愛と感謝を込めてありがとうございます。　（A）

福島の子どもたちを守りたい！

～出前授業＆トーク・ライブ in チカホ～

　4月1日（土）札幌市地下歩行空間北三条交差点広場西特設ステージで上記のイベントを開催しました。札幌市のさぽーとほっと基金の助成を受け、今年は、当会の川原茂雄理事の400回目記念出前授業と、よしもと芸人でジャーナリストでもある「おしどりマコ＆ケン」さんのトーク・ライブをメインとして、毎年恒例の札幌市内在住のミュージシャンたちによるストリートライブ演奏も行われました。また、会場内に「福島の子どもたちを守る会・北海道」のパネル展示を行い、広く市民にその活動を紹介しました。

　川原理事の出前授業では、今年3月に見てきたばかりの福島の避難区域の現状をスライド上映しながら説明したり、現地の住民の方々から直接聞いてきた証言も紹介していました。今回、東京から来てくれた、おしどりマコ＆ケンさんは、東日本大震災以降、東京電力の記者会見に出席を続け、現地訪問し、どこのメディアより事故の詳細に詳しいジャーナリストといえます。トーク・ライブには、その話を聞くため、多くの市民が集まり、お二人の軽妙でありながら、綿密な取材に裏打ちされた原発や福島の現状についての話に耳を傾けていました。また、恒例となったミュージシャンたちの演奏も、とても素晴らしく、通りすがりの多くの市民たちも、思わず足を止めて耳を傾けていました。参加人数は100名程度と想定していましたがそれをはるかにこえ同じくらいの立ち見の参加者が集まり、また地下歩行空間を行き交う多数の市民が、ステージやパネル展示に目を向けてくれていました。延べ数百人が参加したと思われます。

　震災と原発事故から6年が経ち、風化が叫ばれる中、まだまだ福島と原発の現状には深刻なものがあり、今後とも被災者への継続的な支援が必要であるという認識を共有できたのではないかと思います。

おしどりマコ＆ケンさんの軽妙かつ深い漫才に足をとめる市民

原発出前授業400回！

原発のプレゼンをする
マコ＆ケンさん

③

安定ヨウ素剤の事前配布を国に要請しました

高浜原発の運転差し止めを命じた大津地裁判決が大阪高裁段階で取り消され、再稼動が認められました。司法にもなかなか期待できないなか、停止中の原発が次々に再稼動しようとしています。当会では、迫る再稼動に備えて、安定ヨウ素剤の配布を求める要望書を他の団体とともに国に提出しました。放射性ヨウ素に曝露する前に服用すると100％甲状腺ガンを予防できるからです。しかし、ヨウ素剤を飲むタイミングが遅れるほど予防効果が減ります。事故から8時間たつと、予防効果は50％まで減ります。公共施設に保管されているヨウ素剤を住民全員に配るためには何時間かかるでしょうか？ 錠剤を飲めないため、ゼリー状になった製剤が必要な赤ちゃんは何人いるでしょうか？ こうしたことを考えると、あらかじめ、すべての住民に必要なヨウ素剤を配布しておくことが必要なのです。起きてほしくない原発事故ですが、被害をできるだけ減らすために、今できることをしっかりやらなければなりません。

甲状腺ガンは報告しない(!?)

原発事故と甲状腺ガンの因果関係を国や福島県は認めていません。事故当時18歳以下の38万人の検査の結果、福島県では、B判定以上（5ミリ以上の結節－しこり、20ミリ以上の嚢胞がある子ども）は5003名。そのうち184名が悪性腫瘍で手術などを行っています。B判定でも穿刺細胞診をしない－2708名。穿刺細胞診の結果、悪性でなかった－556名。つまり計3264名は経過観察で、通常の保険診療に移行します。そしてその中に甲状腺ガンが見つかっているにもかかわらず、福島県はそのことを報告していないことがわかりました。すべての県民の健康を将来にわたって見守ることを目的として行われている県民健康調査ですが、県は「経過観察」の子どものフォローはしない、その中からガンが発見されても今後も、報告はしないとのことです。一体何人が甲状腺ガンかはわからないのです。福島は今も原子力緊急事態宣言が発令中であることを思い起こし、支援を続けるとともに、北海道の子どもたちを守りたいと強く思います。

守る会理事
松崎 道幸（医師）

◎春休み保養会計報告（収支計算書）

	項　　目	決算額（円）	内　　訳
収入	保養参加負担金	375,000	大人20,000円、小学生以上5,000円
	さぽーとほっと基金助成金	500,000	
	その他の助成金・寄付金	1,469,050	
	計	2,344,050	
支出	報償費	14,000	お別れ会、イベント代
	使用料・賃借料	307,830	貸し切りバス、ジャンボタクシー代
		8,543	お別れ会会場費
	旅費	1,221,900	保養者旅費交通費
		48,200	ボランティア交通費
	食費	651,277	
	消耗品費	77,900	布団クリーニング代など
	その他	14,400	食品検査料、円山動物園入場料
	合　　計	2,344,050	

ボランティアさん募集

守る会の保養受け入れは7年目。参加希望者はまだまだ沢山いらっしゃいます。当会は理事、運営委員もすべてボランティアで活動しています。保養中の食事つくり、子どもとの外遊び、野菜収穫…。ぜひ、あなたのおカをお貸しください。ご連絡をお待ちしております。

＊NPO法人 福島の子どもたちを守る会・北海道＊ 携帯電話／090-6990-5447
〒060-0807 札幌市北区北7条西5丁目 ストークマンション1003号
メール／fkmamoru@gmail.com　URL／http://fukushimakids.org/
〈ゆうちょ振替口座〉福島の子どもたちを守る会・北海道 02790-5-66504

④

北海道新聞社会福祉振興基金のご支援でビール園へ

NPO法人
福島の子どもたちを守る会・北海道
《ニュースレター》2017年 秋冬版

共に生きる

保養は新たな段階へ
～あの日から7年目～

2017 夏休み 保養報告

　東日本大震災から7回目の夏。当会では、これまで17回、被災された家族を札幌にお招きし、免疫力や抵抗力をつけてもらうこと、ストレスのない環境でのびのびと過ごしていただく「保養」に取り組んできました。今年は7月28日から8月7日まで10家族28人（その他2家族6人各々来札、南区八剣山にある当会の保養所「かおりの郷」で過ごしました）。多くの個人や団体のご支援で、事故やケガもなく無事終了しました。本当にありがとうございます。今回は6歳、7歳のお子さん、即ち、震災の年に生まれたお子さんたちが多く参加しました。外での遊びが少なかったり、自然と触れ合うことを避けて育ってきています。運動不足や色白で虚弱のお子さんもいました。保養が新たな段階に入ったと考えます。大熊町や富岡町出身で、震災によっていわき市に避難している方々も参加されました。3月10日、新居の引き渡しをうけながら、その翌日、震災に襲われ、一度も新居に住まないうちに全町避難になった方。臨月で被災した方。まさに小説より奇なり、筆舌に尽くしがたい経験をこの6年間されてきた方たちです。

　一方、避難指示区域は解除、帰還政策がすすめられ、震災は風化し、放射能を心配することは、「考え過ぎ」とか「変人」と思われるようになってきています。そんな、戸惑いと深い不安を抱えて札幌にいらした方たちですが、帰る頃には、すっかり打ち

かおりの郷夏まつりでのソーメン流し・大人気！

解けて、ボランティアメンバーを「北海道のお母さん」「お父さん」と呼んでいただけるようになったり、「飛行機が欠航になってもっと札幌にいられるといいな～」などという会話も飛び交うようになりました。空港では、号泣するお子さんも…。再会を約束して、手を振り続けました。こうして、忘れられない夏休みは終了しました。

NPO法人福島の子どもたちを守る会・北海道
理事長　山口 たか

保養参加のママや子どもの感想をご紹介します！

2017 夏休み 保養報告

必ず、また北海道に帰ってきます

初めての保養で不安がいっぱいでしたが一瞬にして不安もなくなり充実した12日間が、高速で過ぎて行ったように思います。震災から6年。はるか遠くの出来事のようになりつつあります。しかしながら日々の食生活への不安、放射能への不安は福島に住んで、いるからには切っても切っても切り離すことはできません。このまま、この地で生活していこうと決め、家も購入しましたがやはり間違っていたのではないかと自問自答する日も多々あります。もっと安全な場所に移住できたのではないかと。

今回の保養で子どもたちの幸せそうなはちきれんばかりの笑顔を見る事ができ、また保養に参加しようと思いました。百倍もの幸せを得ることが出来たのですから、また応募します、必ず北海道に帰ってきます。（略）

保養で知り合ったママさんたちとは同じ思いを持ち、共感することが出来ました。十人十色で、みんな笑顔の裏で思い悩み戦ってきているんだと知ることが出来、勇気をもらうことが出来ました。私も子どもたちの未来のために頑張ります。泣いて笑って怒って自分なりに頑張ってみます。そして次にお会いする時にお話ししたいと思います。皆さま、本当に本当にありがとうございました、一生忘れません。
相馬市　T・F

子どもの健康を願い思い切って保養に参加して本当に本当に良かったです。守る会、会員のお母様、ボランティアの皆さまとの出会いに感謝し、また、北海道へ遊びに来れる日まで、いわきでがんばります。　　　　　　M・S（2人の子どもと参加）

はじめての保養に来て、こんなに良くして頂いて、福島に帰りたくない〜い、と思う毎日でした。（子どもが）海にあんなに喜ぶ姿が見れるとは思いませんでした。昔はあたり前だったことが、今はできない現実。なのでまた、かおりの郷に帰ってきます。本当にありがとうございました。
「行ってきます」「またお会いしましょう」
Y・U（2人の子どもと参加）

楽しく、あっという間。でも人生のアルバムに必ずたえることのない思い出をきざめた12日間でした。皆さまと作った思い出は、1年後、100年後にも、ぼくの支えになると思います。つらいことはあるけれど、これからもみなさまの、ささえと共に歩んでゆきたいと思います。　　　　　　　　　　Y・S（小4）

ボランティアをしてくださった方からの声

これまで労働組合で行っている募金活動より寄贈をさせていただく携わりから、今回一日だけの参加でしたが、北海道での夏と自然を子供たちが楽しんで過ごしている姿を見れて、とても良かったです。また冬はご家族も含め気分転換をして、楽しんでいただけるようお手伝いが出来ればと思います。
三越伊勢丹グループ労働組合
副執行委員長　玉谷　謙一朗

> いつも組合としてご寄附をいただいています。今回はさらに活動にも参加くださいました。

福島のご家族が約2週間、北海道を訪れ、そのうちの2日間を弊社の蘭島にある保養施設で日々のストレスを忘れ、海水浴を行なったりしてゆっくりとお子さんと過ごして頂きました。弊社のボランティア会員の中には、毎年この海でのボランティア活動を楽しみにしてくれている会員もたくさんおり、皆さんの楽しそうな笑顔が、私たちの明日の活力となりました。微力ではありますが今後とも、よろしくお願いいたします。
NPO法人　太陽グループボランティアチーム
事務局　田元　弘一

> 太陽グループの皆さまには保養所を貸していただいたり、ボランティア活動でご参加いただいています。

2

活動あれこれ

総会終了しました 6/24

　福島の子どもたちを守る会の2017年度総会が6月24日に行われました。16年度活動報告、決算、17年度活動方針、予算、それぞれ承認をいただき、新年度がスタートです。震災から7年になり、被災された方たちのニーズも変化してきています。福島へ帰還された方たちが、休暇には県外保養に行くようになることも想定され、受け入れ側として、保養プログラムの見直しや人材育成、世代交代なども視野にいれた活動をめざしたいと思います。震災の記憶を風化させない取組や、保養の重要性もひろく伝えていくようスタッフ一同心を新たにしています。

向井雪子理事長講演会 7/1

　沖縄・久米島にある、福島の子どもたちの保養施設「球美の里」（くみのさと）の理事長・向井雪子さんをお迎えし、「3.11から6年・福島の子どもの保養活動から見えてきたもの」という講演会を開催しました。札幌市のさぽーとほっと基金の助成をいただき実施しました。球美の里では、震災以来3265名の保養を受け入れてきた実績がありその活動をお聞きしました。保養参加者への配慮、保養プログラムの工夫、地域との連携、危機管理、当会にとっては、はじめて伺うことも多く、今後の保養に大変参考になりました。講演会には、苫小牧、旭川、北見、富良野などの保養受け入れ団体も参加、これからも連携していくことを確認しました。

チャリティコンサート 8/6

　クリスチャンセンターにおいて、チェロ奏者・土田英順さん、ジャズシンガー・小林美由紀さんの演奏会が行われました。会場には、保養参加の家族や多くの方がいらして、生の演奏に癒された、との声もきかれました。収益は、当会の保養に使わせていただきます。本当にありがとうございます!!!

　その他、これまでも、「ぼくらの街から」というチャリティライヴイベントでは、毎回著名なミュージシャンが参加され、東日本大震災の被災地へ寄附をされています。当会も6年間ご寄附をいただいています。またキリスト教会や、南区藤野音楽友の会をはじめ何か所でも行われるチャリティコンサートは大きなお支えです、支援が減少し解散するボランティアグループも少なくないなか、当会の活動継続に大きな力をいただいております。本当にありがとうございます。

ボランティアさん募集

　守る会の保養受け入れは7年目。参加希望者はまだまだ沢山いらっしゃいます。当会は理事、運営委員もすべてボランティアで活動しています。保養中の食事つくり、子どもとの外遊び、野菜収穫…。ぜひ、あなたのお力をお貸しください。ご連絡をお待ちしております。

太陽グループ海の家で
蘭島で海水浴

③

市役所職員研修の場としての保養所「かおりの郷」

　札幌市では市職員が札幌の市民活動を学ぶという方針のもと、様々なNPO（市民団体）へ職員を派遣し現場で研修を受けるという制度があります。当会も16年、17年、6名の職員を受け入れ、福島の

かおりの郷

楽しかったよ〜

ママたちのお話を伺ったり子どもたちと野外活動に関わったりしていただいています。短い期間ですが、当会の活動で感じたこと、受け止めたことを市政に生かしていただけたらうれしいと考えています。職員のみなさま、お疲れ様でした !!!

札幌市から表彰・さぽーとほっと基金 北日本ボイラー様

　当会を指定して、札幌市さぽーとほっと基金にご寄附をされている（株）北日本ボイラー様が、札幌市長から、感謝状を贈呈されました。8月23日の贈呈式には理事長・山口も参加、市長室に同行させていただきました。その

秋元市長と
北日本ボイラー社長・菊池孝夫様

他、企業、労働組合、ブティック、農家、菓子店、青果店、生花店、多数の団体個人から震災以来、継続してご支援をいただいております。感謝でいっぱいです。

◎夏休み保養会計報告（支出）

費　目	支　出	備　考
ANA航空券代	1,388,800	
郵送料	112,358	
インク代、用紙代	31,100	
保養用品	164,482	タオルケット・プール・コンロ・パラソル・ペンキなど
ボランティア交通費	217,318	延べ100人
貸切バス	477,820	空港、動物園など
ジャンボタクシー	92,270	
渓流荘宿泊	439,110	5家族＋ボラ3人×12日
食　費	261,573	かおりの郷食事・お別れ会
昼食費補助	83,500	
雑　費	212,264	運営委員交通費・保険
合　計	3,480,595	

※まだ精算が終了していない助成金などもありますので、支出の概略です。

編集後記

　近年、日本の国内外で、不安定な気候や、地震、災害が多数発生しています。そんななか、東日本大震災も世界的な異常気候のひとつとして、風化して行きそうです。けれど、福島現地では、原子炉の廃炉も手つかず、汚染水も果てしなくたまっています。今年は、6月に青年国際ワークキャンプの青年たち（韓国、ドイツ、インドネシアなど）が、8月にはマレーシア・サバ大学の学生6人が、当会の「かおりの郷」を訪ねてくれました。海外の若い人たちに、福島の現状や、保養のことなどを知ってもらいたいと考えています。9月22日の千葉地裁で判決のあった「原発避難者訴訟」では、東京電力の責任は認めましたが国の責任は認めませんでした。慰謝料・賠償金は28億円を求めていましたが、判決では3億円です。原発事故による「ふるさと喪失」をどう評価するかが問われていましたが、原告の願いとはほど遠いものです。これからも支援を続けていきたいとおもいます。　（T）

（寄附等へのお礼をハガキ料金の値上げを機会に年2回のニュースレターにかえさせていただきます。ご理解をお願い申し上げます）

＊NPO法人　福島の子どもたちを守る会・北海道＊　携帯電話／090-6990-5447
〒060-0807　札幌市北区北7条西5丁目　ストークマンション1003号
メール／fkmamoru@gmail.com　URL／http://fukushimakids.org/
〈ゆうちょ振替口座〉福島の子どもたちを守る会・北海道 02790-5-66504

④

土田英順さん
「チャリティライブを
　ありがとうございます」

福島の子どもたちを守る会
JAPAN FUTURE FOR FUKUSHIMA CHILDREN HOKKAIDO

2018年

はじめての乗馬

　春も夏も「かおりの郷」＋「渓流荘」で実施しました。

　春保養は、雪が少ないうえに融雪が早く子供たちに雪遊びをさせたいスタッフは大変苦労しましたが、何とか雪をかき集め、そり、スキーで楽しんでもらうことができました。

　この年からイベントは最小限にしてゆっくり過ごしてもらう形となりましたが、ママカフェはたいへん好評です。9月には中村敦夫さんの朗読劇「線量計が鳴る」を主催し多くの方に見ていただきました。

　10月で渓流荘が閉鎖となり、代わりの宿泊場所を探すことに。

10周年に寄せて

札幌市職員共済組合定山渓保養所「渓流荘」最後の支配人　川村　誠

　私が支配人を務めた「渓流荘」は、平成30年10月末日をもって閉館いたしました。

　その間、様々なお客様をお迎えいたしましたが、福島の子どもたちの春・夏休みの保養の場としてご利用いただいたことは、私にとって最も思い出深いものです。

　第2駐車場の小さな雪山で楽しそうにそり滑りをしていたり、真夏の児童公園で歓声を上げて元気よく走り回っている子ども

たちの姿を目の当たりにして、いかに福島で窮屈な生活を強いられていたのかと秘かに心を痛めていたものでした。「渓流荘」で過ごした短い時間が、彼らの楽しい記憶に刻まれることを願ってやみません。

　また、スタッフの皆様の丁寧でキメの細かいご対応にも感服いたしたものです。今後も皆様のご活躍をお祈り申し上げます。

北海道の思い出と共に

相馬市から
保養に参加

古山　珠美

　本当に楽しかったとしか言いようのない時間を過ごさせていだだきました。初めての保養で多少なりとも不安があり参加しましたが、一瞬で不安は吹き飛び、心の底から子どもたちとリフレッシュさせて頂きました。

　東日本大震災の時は、山積みの問題を抱え今後生活をしていけるのだろうかと、明日の事さえ不安でした。当時3歳の長男、2歳の次男, お腹にいた3男、購入したばかりの家、主人の仕事など眠れない夜も多々ありました。友人、親戚一同避難生活となり、各地へ散らばり、今では冠婚葬祭の時しか会う事はありません。「田舎だから何もしない」と思い込んで、有難さがわからなかった故郷ですが、帰れなくなり恋しくて仕方なかったのを覚えております。

　故郷に残してきた自宅や実家は、解体も終わりもうありません。避難生活をした場所に、新たに家を購入し、今度は子どもたちの故郷となる場所での生活をしています。

同じ県内でも、所変われば品変わるで未だに慣れない事もありますが、家族揃って元気で生活できれば幸せです。

　北海道の保養で、参加した方たちの被災した話を聞けて、自分だけじゃないと思えるようになり、思い返してみれば周りの人たちに支えられている事を実感できました。スタッフのみなさんも優しく心に沁みました。料理のレシピを教えてもらい、今では十八番になっています。夜遅く迄、話しをしたことも嬉しかったです。子どもたちが海で泳いだのも、この時が人生初でした。はしゃいでいた姿は忘れません。

　また参加したいとずっと思っておりますが、成長と共に参加も難しくなっております。いつの日か必ずお会いできる日が来ることを楽しみにしております。遅くなりましたが保養の場を設けてくださり、ありがとうございました。

保養にかかわって

泉 惠子 (理事)

2011年の震災後、札幌に避難されてきたご家族 (主に母子避難の方たち) を支援する「うけいれ隊」の活動の中で、それぞれの事情により泣く泣く帰られるたくさんのご家族を見送りました。そんなお母さんたちの不安の声に少しでも応えたくて保養にかかわりました。

「かおりの郷」のロケーションが大好きです。短い期間でも子供たちに雪まみれ土まみれで自然の中でのびのび過ごしてほしい。お母さんたちにも心休まる時間を過ごしてほしいと思っています。

花畑と水遊び

釣れるかな〜? (八剣山果樹園にて)

自由行動に付き添って

佐藤 千惠子

あれから間もなく10年。家族の事情で活動が難しくほとんど役にたたない、会員とは名ばかりの私が寄稿してよいものかとためらいました。しかし償おうともしない厚顔で無責任な東電と政権を尻目に、この会を立ち上げ継続されている勇気ある善意の方たちへの感謝の気持ちをお伝えしたくてペンをとりました。

一度だけ5歳と3歳の男の子とお母さんの自由行動の付き添いをさせてもらった事があります。春休みで外は寒く、屋内の遊び場を案内しようとそれなりに調べて提案したところ、地元では外で遊ぶことが難しいため、屋内の施設は結構充実しているので、今回は市場で買い物がしたいと若いお母さんに言われて、私は自分の無知を恥じました。結局、お寿司を食べて買い物をして街を散策、というごく普通の事が望みだったようです。

震災当初、この悪夢はどこにでも起きうるのだ、明日は我が身、とおののいた事を思い出します。今もなお、苦しんでいる方たちが大勢おられる事に心が痛みます。

「安心して」不安を語り合える場

> 医師でママ・カフェでの
> アドバイザー

北川 恵以子

　私は、福島原発事故以来、被災地や保養地や避難先でお母さん方のお話を聞いてきました。

　その結果思いますことは、矛盾した言い方に聞こえるかもしれませんが、お母さん方は「安心して」子どもたちのことを心配できないという現実です。

　お母さん方は、母親としての自然な深い愛情から、直観的に自分の子どもにとって危険かもしれないものに不安を持ち、危険から子どもを守りながら育てます。そのお蔭で子どもは、安全に健康な成人に育つことができます。

　福島原発事故による放射能の影響を受けていると思われる地域で子どもたちを育てたことがあったり、今も育てているお母さん方は、放射能が子どもの健康に影響するのではないかという不安を自然に言うことができません。「政府が、『専門家』が安全だと言っている。」「放射能恐怖症だ。」「風評被害だ。」などと言われて、祖父母を含む親戚、友人、隣人、夫にまで非難され、子どもに対する放射能の健康被害を大きな声で言うことができません。

　私は医師としての長年の経験から、お母さん方の直観は正しいと信じます。お母さん方が心配なことは心配だと言えずに子育てをしなければならないのは、人間の根源的なものを否定することになると思います。

　「福島の子どもたちを守る会・北海道」の保養地は、お母さん方が「安心して」不安を語り合える数少ない場所だと思います。

ママ・カフェとは

　保養期間中、参加の保護者（ママたち）同士の交流を目的に、お茶とスィーツで、おしゃべりをする場をつくりました。その間、子どもたちはボランティアの方たちと自然いっぱい、外遊びを楽しみます。カフェには、チェルノブイリ原発に遭遇した子どもたちの保養を続けてきた経験のある方、小児精神科医師、内科医師が、アドバイザーとして参加します。カフェを通じママたちは「ま だ保養に行ってるの?」「風評被害を助長する」と言われる悩み、子どもたちの健康不安等、福島ではなかなか言えない本音で語りあい、参加者同士の距離がぐっと縮まります。打ち解け、明るい表情になることが目に見えてわかります。カフェの後の、収穫祭やバーベキューパティーも盛り上がります。

山口 たか

札幌市さぽーとほっと基金助成事業

NPO法人
福島の子どもたちを守る会・北海道
《ニュースレター》2018年 初夏版

共に生きる

2018 春休み保養報告
まだまだやめられません
～福島の子どもたちのリフレッシュのために～

今年の春も3月28日から4月4日まで、「かおりの郷」と定山渓「渓流荘」に12家族37名を迎えました。今回は、これまで中心的な役割を担っていたスタッフ複数名が直前に体調を崩したり、親御さんの介護があったり、と少々不安を抱えつつも、多くのボランティアさんのご協力とスタッフの頑張りで、無事に終えることができました。

春保養と言えば「雪遊び！」が目玉で保養に来られるご家族たちもとても楽しみにされているのですが、今年は雪解けが早くてハラハラドキドキ、「かおりの郷」では子どもたちが遊んでいるそばでボランティアさんが必死に雪をかき集めてくれました。定山渓ではそり遊びはできませんでしたが、代わりに「温泉町散策」を楽しまれたようです。

今回は大きなイベントは設けずに、ビューホテルプール遊び、ママカフェ、甲状腺検査と札幌市内観光のほかは、ほとんどフリータイムでのんびり過ごしていただけました。雪解けが早かった「かおりの郷」周辺ではちょうどフキノトウが顔を出し始めて、子どもたちがたくさん集めてきて天ぷらにしてみんなで春の味覚を味わったことはいい思い出になったようです。あの原発事故から8年を迎え、どのお母さんも言われるように「子どもに外遊びの体験を、自然の中でのびのび過ごさせてやりたい」という願いに少しでも応えていきたいと改めて思いました。

今回参加家族のうちほぼ半数が「初めての保養」、中には「今回初めて知った」という方もいて、保養す

ら「風評被害をあおる」と否定する声が多くなっている状況があると言います。そんな中で「口コミで守る会の保養を聞いた」という声は心強くも、身の引き締まる思いです。保養を必要とする一人でも多くの子どもを受け入れてあげたい、またここでのママたちの出会いが地元に戻ってからの支え合いのネットワークにつながることを願います。

受け入れるスタッフも高齢化が進んでおり、スタッフの世代交代という課題を抱えつつ、それぞれの得意分野を発揮してくださる高校生から○○代までの幅広い年齢層のボランティアさんのご協力をいただきながら、今度は夏の保養に向けての準備が始まります。

今後ともご支援ご協力をよろしくお願いいたします。

NPO法人福島の子どもたちを守る会・北海道
副理事長 泉 恵子

☞ 夏休み保養にご協力を！
18年夏は7月26日～8月6日

10家族30人が福島からやってきます。
子どもたちと、遊ぶ＆散策＆探検などしてくださるボランティアさん募集です。また、ご寄附・食材の差し入れなど大歓迎です。いつもありがとうございます。

①

福島の子どもたちと 遊んで ～感じたこと

このたびは、貴重な経験をさせていただきありがとうございました。私自身小学生のころ、福島県須賀川市の方へ遠征でいったことがあり、東日本大震災を経験して非常に辛い悔しい思いをしたこと、今も覚えています。

あの震災は、この先、忘れてはいけない記憶として残さなければいけないと感じています。その記憶も私たちにとどまらず、日本全体の記憶として残さなければいけないと考えております。

今回のボランティアで感じたことを忘れることなく、この先も生活していきたいと思います。

福島の方々も私たちを暖かく迎えてくださり、子どもたちもすぐに、友だちのように一緒に遊んでくれて、あの場所から離れるのがすごく惜しくなり、泣きそうになりました。担当した家族のみならず、色んな子どもたちが呼びかけて私のことをいじったり、遊んでくれたこと、非常に嬉しく思います。こういったことは自分で探して見つけることは困難なことだと思います。こういう機会を作っていただいた乾先生（注：東海大学教授・守る会理事）をはじめ、福島の子どもたちを守る会・北海道の皆さまに感謝しております。本当にありがとうございました。

（中略）またこういう機会がありましたらいつでも呼んでください。北海道にいる限り参加させていただこうと思っております。その時はご連絡をいただければ幸いです。短い間でしたが、本当にありがとうございます。

春休み保養ボランティア
鈴木航輔（東海大学札幌キャンパス）

保養に参加された ママ から

☆ 毎日おいしいご飯をありがとうございました。おいしさから皆様の思いが感じられ、活力がわいてきました。くつろぎ、まるで我が家のように過ごすことができました。元気な福島っ子！を育てていきます。おいしいご飯作ります！　　　　（K・W）

☆ 年長の娘と2人で参加させていただきました。ふだん福島で生活していると不安や心配事があっても、情報交換する場がなくて悶々とすること、目を背けてしまっていることがあるのですが、今回の保養中に出会ったスタッフ、ボランティアの皆様とお話しするうちに不安が解消されたりあたらしい知識を多く身につけさせていただくことができました。子どもも普段は出来ない外遊び、雪遊び、山菜収穫ができてとてものびのびと楽しんでくれたので良かったなあと思います。大変お世話になりました。ありがとうございました。　　（M・K）

☆ スタッフの皆様 8才男子・4才女子と私含め三人みなリフレッシュして、子どもたちの元気な姿を見て、本当に参加して良かったなあと思いました。スタッフの皆様と ママさんたちとのお話、特に、食について細かくお話を聞くことができて、日々丁寧に生きようと思いました。皆様の笑顔、お心づかいに感謝です。ありがとうございました。

（T・H）

保養に参加した 子ども から

☆ かおりのさとに はじめてきたときは、楽しみで楽しみでもう ドキドキがとまりませんでした。その後、雪遊びをしました。コロッケ（ボランティアの大学生）と雪遊びができてとても楽しかったです。ごはんはとてもおいしかったです！

（S.W 小3）

モニタリングポストを 撤去しないでください！

3.11福島原発の事故以来 学校や公園など福島県内2400個所に設置された放射能測定器モニタリングポスト。原子力規制委員会は放射線量が低くなったとして一部自治体を除き撤去すると発表しました。原発事故はまだ収束せず廃炉のメドもたっていない現状での撤去は市民の知る権利を奪うもので、福島県民から不安の声があがっています。守る会としても設置の継続を求める市民の会に賛同し支援をしていきます。

福島の子どもたちを守りたい！
～出前授業＆トーク・ライブ in チカホ～ 4/1

「福島の子どもたちを守りたい！～出前授業＆トーク・ライブ in チカホ～」は、2018年4月1日（日）11時～16時に、札幌市地下歩行空間北大通交差点広場西特設ステージで開催されました。当日は、当会理事の川原茂雄の出前授業と福島県から沖縄の久米島に移住された小野さん親子のトーク・ライブおよび札幌市内在住のミュージシャンたちによるストリートライブ演奏が行われました。

参加想定人数は100名程度でしたが、実際にはそれを多くこえて多数の立ち見の参加者がいました。また地下歩行空間を行き交う多数の市民がステージに目を向けてくれていました。川原茂雄理事の出前授業では、今年3月に見てきたばかりの福島の避難区域の現状をスライドを使って説明し、現地の住民の方々からの証言も紹介しました。小野さん親子のトーク＆ライブでは、福島から、札幌へ来ての保養体験や沖縄久米島への移住などについてお話しして頂き、多くの市民が耳を傾けていました。長男の小野覇空真（はくま）君には、久米島へ移住してからはじめた三線（さんしん）も演奏してもらいました。震災と原発事故から7年が経ち、風化が叫ばれる中、まだまだ福島と原発の現状には深刻なものがあり、今後とも被災者への継続的な支援が必要であるという認識を共有できました。

全国各地で被災者支援演奏活動
を続ける土田英順さん

沖縄から来札　小野さん親子

春休みのメインイベントは
なんといっても雪遊びです

ママたち、ドクター、守る会スタッフ、手作りスィーツ…
ママ・カフェは大事な交流の場です

③

ぜひいらしてください

子どもたちのために
「線量計が鳴る」
中村敦夫朗読劇

9月15日（土）　18時～
中島公園・こぐま座

中村敦夫さんは、福島県いわきで小学、中学時代を過ごしました。俳優・参議院議員・作家・脚本家…様々な分野で活躍されています。

大ヒット時代劇「木枯らし紋次郎」を覚えていらっしゃる方も多いと思います。近年はNHK朝のドラマ「まれ」に出演しました。

震災後はひとりの原発労働者としての朗読劇を全国各地で上演しています。北海道初上陸の作品です。ぜひいらしてください。

報告

総会終了いたしました

6月23日、当会の第6回の通常総会が終了いたしました。

事業活動報告、決算、事業活動計画、予算、理事の選任が審議され可決いたしました。NPO法が改正になり、非営利活動法人として、活動の一層の透明性を高めることが期待され、2018年10月1日までに収支報告だけでなく貸借対照表の公表も義務となりました。資金不足で、活動が縮小や解散していく団体もあるなか、当会が、活動を継続できますのも、多くの方のお支えがあればこそです。さらに透明性・情報公開を進めて、被災者の方に少しでも寄り添える活動ができることをめざしてまいります。

今回は理事の改選期でした。以下の理事が再任となりました。どうぞよろしくお願いいたします。

理　事　池田賢太・泉恵子・乾叔子・川原茂雄・鈴木隆司・高田道雄・中手聖一・堀元進・前田正宏・松崎道幸・宮島豊・山口たか

監　事　小林久公

◎2017年度収支（2017.6.1～2018.5.31）

収入の部	（単位：円）
年会費	525,000
寄付・カンパ	6,128,144
受取助成金	2,466,087
プログラム参加費	557,000
その他収入	66,770
受取利息	33
前期繰越金からの補填	439,117
以上計	10,182,151

支出の部	（単位：円）
保養関連旅費交通費	4,360,162
保養関連食材、雑貨、入場料等	2,059,194
保養所維持改修	396,204
その他事業費	1,877,422
以上事業費計	(8,692,982)
事務経費（家賃、交通費等）	1,489,169
以上計	10,182,151

編集後記

福島のお子さんの保養キャンプなどを受け入れている全国の市民団体が集まり、年二回福島各地で保養相談会を開催しています。6月はいわき市と二本松市で行われました。原発事故は収束したから保養は必要ないと言う方々もいますが200家族以上が相談に見えました。「[保養]という選択肢があることを7年間知らなかった、後悔している」という方も。保養ニーズはまだまだ高く、当会保養も参加希望が多く選抜せざるをえません。心が苦しくなります。がんばらねばと改めて思いました。　　　（T）

＊NPO法人　福島の子どもたちを守る会・北海道＊　携帯電話／090-6990-5447
〒060-0807　札幌市北区北7条西5丁目　ストークマンション1003号
メール／ fkmamoru@gmail.com　URL／ http://fukushimakids.org/
〈ゆうちょ振替口座〉①福島の子どもたちを守る会・北海道 02790-5-66504
②特非 福島の子どもたちを守る会・北海道 02750-1-71422

④

札幌市さぽーとほっと基金
北海道新聞福祉振興基金等からの助成事業

NPO法人
福島の子どもたちを守る会・北海道

《ニュースレター》2018年 秋版

JAPAN FUTURE FOR FUKUSHIMA CHILDREN HOKKAIDO
福島の子どもたちを守る会

共に生きる

2018 夏休み 保養報告
震災・異常気象が続くなか
～支え合いつながって　生きていこう～

19回目となった、2018年夏休み保養は10家族29人が参加、7月26日から8月6日まで行われ無事終了しました。その他にも、2011年震災直後第一回目の保養で出会った子どもたちが7年目に再会しました。札幌に自主避難・福島にとどまる・進学で北海道を選択…3家族がそれぞれの道を選択し7年間生きてこられましたが、その子たちが、8月4日再会しました。小学生だった頃にもどり、けんかをしたりふざけあったりした7年前を思い出し夜遅くまで語らいました。その場に立ちあえたことに感激しました。そのご家族もそれぞれの地へもどられました。ご支援くださったみなさまに心よりお礼申し上げます。

今回参加されたご家族は、子どもの年齢が低いこと、これまでにない割合でアレルギーや甲状腺疾患の方が多いことが特徴でした。幸い大きな病気やケガ・事故もなく、終了できましたが今後もこの傾向は続くのか、注視していかねばなりません。

プログラムは、疲労を考慮してイベントを少なくし自由時間や、保養所周辺（八剣山果樹園など）で遊ぶことを中心にしました。

メインは海水浴で、その他チャリティライヴ、野菜収穫体験、流しソーメン、ビール園でのジンギスカンなど、夏の北海道を味わっていただきました。また「ママ・カフェ」では、当会理事の松崎道幸医師の参加のもと、ママたちが心配ごとや、日ごろ感じていることを語りあいました。

このたびも、参加申し込みが多く、選抜をよぎなくされましたが全国的に保養受け入れ団体が減少しているなかで、これからも希望者が増えることが予想されます。福島では、オリンピックを控え、帰還政策が推進され、震災は終わったという空気がひろがり、保養に行くことを口に出すのがはばかれる状況はさらに強くなっていると聞き

ます。子どもを県外でリフレッシュさせてあげたいという願いも、話せません。私たちはしっかりとその辛さ、不安をうけとめて、保養を継続することが大事だと感じています。

一方、9月6日、震度7というかつてない大きな規模で北海道胆振東部地震が発生しました。東日本大震災とは比べて被害は少ないものの、液状化で住宅が破壊されたり、山崩れでなど41名の方が亡くなられました。また北海道全土で、日本ではありえないとされてきた全電力供給が止まる「ブラックアウト」という深刻な事態がおこりました。農業畜産業に甚大な被害がでました。この状況に対し、北海道電力・泊原発の再稼動を進めるべき、稼働していたらよかったのに、という声が出てきました。今回はたまたま原発が再稼動していなかった、緊急非常用電源が起動できたから、大惨事にいたらなかっただけです。停止中の原子炉と運転中の原子炉ではリスクに雲泥の差があります。稼動していなくて不幸中の幸いだったのです。

この地震に対して、これまで保養に参加された福島の皆さまから多くのお見舞い、ご心配をいただきました。恩返しをしたい、できることは何ですか、必要なものを言ってください…どなたも北海道を心配されてのご連絡でした。ご自身が被災されたから、被災の深刻さ、しんどさが、よくおわかりなのだろうと思います。本当にありがたく、涙がでました。今後原発再稼動の動きが強くなっても、再稼動NO! と声を大きくしていきたい。また多発する災害や異常気象に備える危機管理も重要です。福島の方々とさらに強く繋がっていこうと思いました。

NPO法人福島の子どもたちを守る会・北海道
理事長　山口たか

保養に参加された ママ から

☆ 心待ちにしていた夏休み保養も、楽しい時間はあっという間でした。皆さまのあたたかなお気持ちに包まれて、幸せな時間でした。またいつか、娘を連れて帰りますね。またお会いできる日を楽しみにがんばります。本当にありがとうございました!!

（いわき市　Ｓさん）

☆ 福島ではできない海水浴にたくさんのスタッフさんに付き添っていただき安全に楽しく遊べたことがとても楽しかったです。わんぱくな子どもと何度も何度も虫採りをしていただきました。保養ということに、周囲の理解が難しいが、様々な放射線に対する防御への取り組みのひとつとして私は参加していきたいと思います。子どもは外遊びや自然体験の機会を得ることができ、私も子どもの楽しむ姿や、同じ想いの母親と出会い、リフレッシュできました。ありがとうございます。　（矢吹町　Ｎさん）

ハンモックに乗って

戸外でランチは楽しいね

夏休み保養 photo

② 90

海のバナナボート

☆ とても貴重な時間をすごさせていただきました、ありがとうございます。一生の宝ものです。

（相馬市　Ｂさん）

☆ 「守る会」の名前どおり、福島の親子に元気になってほしいという気持ちが、食事からもプログラムからも対応からも伝わってきて、いつも、そっと寄り添って守ってくれている「会」全体の優しい雰囲気に体だけでなく心も元気になりました。

（須賀川市　Ｉさん）

ボランティアの方から

★ ボランティアとして参加して

私は、蘭島海水浴に見守り隊として参加しました。福島では海にはいることに不安もあり、海水浴ははじめてという子どもも何人かいたので心配しましたが、太陽グループのボランティアの方もいてくれた上に、救命胴衣をつけていたので、安心して遊ぶことができました。子どもたちは、本当にはじけて、はしゃいで、見ていても楽しい時間でした。

私は救命講習を受講していますが、この資格が役にたたなくてよかったと思いました。　（佐藤のえ）

★ 「福島の子どもたちを守る会」に参加して

この夏、「福島の子どもたちを守る会」の活動に初めて参加させていただきました。

福島から10家族を迎え、かおりの郷、渓流荘、蘭島等々2週間の保養が始まりました。毎日の活動で参加家族とたくさん交流が出来、たくさんの笑顔に触れることが出来ました。何よりも、私自身が、毎日笑顔でいられたことに、感謝しなければなりません。

私は、この活動を通して、「福島の子どもたちを守る会」の理念に触れ、その理念を学ぶ事となりました。子どもたちの満面の笑顔とお母さんたちの優しい眼差しにこそ、その理念の確かさがありました。そこにある多くの人の思いや願いは、どの子どもたちにも、安心で安全な社会を未来に築く勇気が持てるように、守り続けることであると思います。この活動を通して、出会うことが出来た方々に心から感謝致します。

天上で泉かおりさんが、いつまでも微笑んでおりますように。（合掌）　（冨所寛治）

元原発技術者に扮した
中村さん

中村敦夫朗読劇「線量計が鳴る」 9/15

福島の子どもたちを守る会・北海道では、子どもたちの保養のほかにも年に1回程度、講演会を行っています。原発事故の記憶を風化させないため、事故はまだ終わっていないのだということを確認するため、福島の現状を伝えるため…等々を目的とした講演会です。

今年は9月15日に中村敦夫さんの「線量計が鳴る」を上演しました。

これは、元原発技術者に扮した中村さんが、原発がいかに問題のあるエネルギー源かを告発する朗読劇です。

中村さんは全国で100回の上演を目指していて、私たちの公演がちょうど40回目でした。

ところで、9月6日に厚真町で震度7の地震が起き、札幌でも一部の地域で震度6弱を観測しました。そのうえ、北電が電源の4割を厚真の火発に集中していたため、いわゆるブラックアウトが起き、全道が停電してしまいました。

電力が回復したあとも政府が計画停電をちらつかせたため、予定通り上演できるのか、随分迷いました。計画停電はなさそうだと判断して上演を決断したのは、9月11日、公演のわずか4日前でした。

果たしてお客さまが来てくれるかどうか不安でしたが、なんと会場は満員となり、万雷の拍手で幕を閉じることができました。

まだ余震が続いている北海道へ来て下さった中村さんにも、大変な最中に劇場へ足を運んで下さった観客の皆様にも感謝、感謝です。

運営委員　矢口敦子

中村敦夫

「木枯らし紋次郎」役で人気を博し、その後作家、ニュースキャスター、参議院議員、などで活躍。3,11以後は、原発技術者になりきって全国公演中

報告

9月23日の収穫祭

「かおりの郷」では、保養に来られるみなさんに安全な食べ物を提供できるよう、無農薬で野菜を作って来ました。

9月23日（日曜）、かおりの郷で収穫祭を実施しました。

例年、天候不順や小動物、虫達に食べられ収穫量が減ってしまうのですが、今年は豊作でした。

収穫した野菜をふんだんに使った、BBQ、ボルシチ、サラダ、お汁粉などを、みなさんと分かち合いました。手前みそで恐縮ですが、野菜がとても美味しいと好評でした。

天候にも恵まれ、参加者のみなさんと楽しいひと時を過ごしました。　運営委員　尾形秀司

※また、9月30日には、保養所近隣のお店と合同で「遊びに来てね　小さな森カフェ」というイベントに協賛し手作り工作やスィーツを出品。地域との交流がまた一歩進みました。

野菜収穫

③

お礼のお花を贈呈しました

ありがとう 渓流荘

震災以来、宿泊場所を提供してくださっていた札幌市役所職員共済組合の保養所、定山渓・渓流荘が、老朽化により10月で、閉鎖。これまで当会の保養所「かおりの郷」と「渓流荘」の二か所で宿泊していましたが、次回から宿泊場所が一カ所になることから、新たな宿泊場所の確保が課題となります。市役所のみなさま、渓流荘スタッフのみなさま、被災された方々が札幌にきて温泉に浸かって、どれほど癒されたでしょうか。長い間、本当にありがとうございます。保養最終日にはお礼の花束を贈らせていただきました。

札幌市長からの手紙

札幌市長から福島の子どもたちへ2018年8月6日にいただきました。

福島の皆さん、札幌に遊びに来てくださいまして、ありがとうございます。思い出に残る楽しい夏休みになりましたでしょうか。先週は暑い日が続きましたが、札幌の夏はカラットした爽やかな風が吹くことが多く、また、たくさんの緑に囲まれていて、とても過ごしやすいまちです。福島のお友だちのみんなは、外遊びを存分に楽しみながら、美味しい物もたくさん食べられたかな？ 札幌では、秋に道内各地から美味しい食べ物が集まるオータムフェスト、冬には美しくて迫力ある雪像が並ぶ雪まつりなど、年間を通していろいろなイベントを開催しているので、夏休みが終わった後も、ご家族やお友だちと一緒にまた遊びに来てくれたらうれしいです。

福島の子どもたちを守る会・北海道の皆さまにおかれましては、日ごろより、子どもたちが夢や希望を持ちながら健やかに育つことができるよう、さまざまなご支援をされておりますことに、深く敬意を表します。そしてその取り組みの一つとして、札幌にお越しいただいておりますことに、厚くお礼を申し上げます。

福島の皆さんがこれからも元気に暮らしていくことは、日本中にパワーを与え、多くの人々を笑顔にします。札幌での楽しい思い出を皆さんのエネルギーの源にしていただけましたら幸いです。またいつの日かお会いできますことを心から願いまして、私からのメッセージとさせていただきます。

札幌市長 秋元克広

◎夏保養支出額

費 目	金額（円）	備 考
保養者交通費	1,869,120	航空運賃、バス代他
ボランティア交通費	208,046	ボランティアガソリン代、バス代他
食材及び食事代	724,818	食材、渓流荘食事他
保養雑貨	69,084	
クリーニング代	65,226	
熊対策電気柵セット	152,845	
保養環境整備	103,575	保養所整備、蜂の巣駆除他
その他	33,490	入浴料、入園料他
合 計	3,226,204	

編集後記

9月6日未明の、突然の大きな揺れとブラックアウトといわれる大停電。直前の台風21号で、樹木の倒壊・道路の寸断などが解消されないままで、ダブルの被害だったと思います。被害を受けられた皆様に心からお見舞い申し上げます。東日本大震災から7年半。忘れたころにやってくる災害。風化させることなく、個人としても備えをしておかねばと改めて思ったしだいです。また、保養費用として、クマ対策費と蜂対策費の支出がありました。今年はいつになく、熊の出没が多く、簾舞・藤野・豊滝をはじめ、我が家から4キロほどの公園にも出没しました。異常高温により蜂の大量発生もありました。やむをえず、保養所に電気柵をめぐらしました。自然豊かな環境と獣害は紙一重、共生をめざしつつも悩ましい日々です。 （T）

＊NPO法人 福島の子どもたちを守る会・北海道＊ 携帯電話／090-6990-5447
〒060-0807 札幌市北区北7条西5丁目 ストークマンション1003号
メール／ fkmamoru@gmail.com URL／http://fukushimakids.org/
〈ゆうちょ振替口座〉特非 福島の子どもたちを守る会・北海道 02750-1-71422

④

アイヌ民族の生活道具

2019年

　渓流荘が閉鎖となり、小金湯温泉の「まつの湯」＋「かおりの郷」で実施しました。

　まつの湯に隣接したアイヌ文化交流センター「ピリカコタン」を利用させていただき春は雪遊び、夏は「ピリカコタンまつり」にも参加、猛暑の中楽しみました。

　ゴールデンウィークには通年保養で5家族が訪れのんびり過ごしていただきました。

　畑も順調に収穫できるようになり、一方では周辺でのクマ出没のため電気柵を設置しました。

　「復興五輪」のキャンペーンが盛大になり、避難区域の解除が続く福島の状況は「風化」の様相を呈してきましたが、「まだまだ保養の需要は高い」ことを確認。

ピリカコタンの中にあるチセ（家）

北海道は第2の故郷

澁谷 陽子

福島市から
保養に参加

　震災から約1年5ヶ月後2012年の夏、福島の子どもたちを守る会・北海道の保養に参加するために、息子（当時6年生）、娘（当時3年生）と私は北海道を訪れました。福島市での生活に不安な日々を過ごしていたので、北海道での保養は心身ともに安らげるものでした。

　それから、何度か参加させて頂きました。私たちにとって北海道は、第2の故郷です。様々なイベントや行事にも参加させて頂きましたが、やはり一番の思い出は、守る会の皆さんの温かさです。皆さんの手料理がとても美味しくて感動したり、高校生、大学生のボランティアの皆さんに遊んでいただいたりしました。娘は余程嬉しかったのか、高校生になった年、今度はボランティアとして参加させて頂きました。とても、良い経験だった様です。

　娘の進路は、保養の経験を元に考えている様子です。

　今は、守る会の活動を陰ながら応援する事しか出来ませんが、いつか恩返しが出来れば…、と思っております。

　いっぱい甘えさせて頂きました。本当にありがとうございました。

かおりの郷でハンモック遊び

“小さき声のカノン”から

深山 美恵子

　保養のボランティアをさせていただこうと思ったきっかけは記録映画「小さき声のカノン」でした。福島の子供たちが保養先として、嬉々として遊んでいる場所は、私の故郷の羊蹄山の近くでした。あんな平凡な場所を、あんなに喜んでいるとは…と考えさせられました。そしてあの震災が北海道で起きていたら、泊原発に事故が起きていたら、逆の立場だったかもしれないと思いました。私の身代わり！？にたくさんの方たちが苦しい思いをしているのかもしれないと考えました。何か罪ほろぼし!? のようなことができないかなとネットで検索してみました。「守る会」がよさそうかなというカンで、最初は募金だけだったのですが、そのうちちょっとだけ、ご飯作りのボランティアに参加させていただくようになりました。

癒しの時

札幌丸井三越伊勢丹 労組
赤川 一美

　私は会社の労働組合を通じ「福島の子どもたちを守る会・北海道」の活動を知りました。以前より何かできることはないかと思いながらもどう行動してよいのかわからず、何もできないまま時間だけが過ぎており活動に参加できるきっかけが出来たことに感謝しております。

　物品の寄贈からスタートした私たちの活動も近年では保養所に子どもたちを迎えるお手伝いもさせていただけるようになりました。

〈なかよし姉妹のふたり〉プールで一緒に水遊びをしてご飯も一緒に食べて、帰る日にはかわいい絵をプレゼントしてくれバスを見送りながら号泣（たかさんにハグで慰められました。笑）。

〈3人姉妹のお姉ちゃん〉馬に乗ったり魚釣りしたり外での遊びを満喫。

　あの日は暑かったね。汗だくになり、お風呂も一緒に入りました。子どもたちは自然の中で思いっきり走って笑って楽しんでくれ、お母さんたちも「うちの子あんな顔して笑って遊ぶんだな〜。来てよかった」とお話してくれそんな時間を共に過ごすことが出来たことが嬉しかったです。でも一番良い想いをしたのは私かもしれません。私事ですが小さい頃の将来の夢は「幼稚園の先生」でした。あまりお勉強も頑張らなかったのでその夢は叶えられませんでしたが、お話して笑ったり、けんかして泣いちゃう子もいたり子どもたちと遊ぶことが出来いろんな表情が見られ心の底から癒されました。遊んでくれたみんな「癒しのとき」をありがとう。また来てね。

　これからも微力ながら活動に参加していきたいと思います。どうぞ宜しくお願い致します。

あやのちゃんの絵

無力さを感じていたときに

目黒 潤

　私は大学三年生の時、原発用タービンを製作している日立の工場を見学しました。OBと飲食した際、「原発は安全性を高めれば熱効率が下がり、熱効率を高めようとすれば安全性が下がる。先輩はどう考えますか?」と質問しましたが、「君はよく理解っている、ぜひ日立に来て一緒に働こう」とはぐらかされ、以来、原発には関わるまいと決めました。

　そして3.11。私は『原発のダメさを知ってたのに、なぜ反対しなかったのか』と悔や

みました。それで、ブログ等で、原発が非効率で不経済で環境や健康にも悪い発電方法だ、と訴えてきました。しかし個人の力は微々たるもの。経産省、経団連、電気事業連合会、電力総連などが原発再稼働の大合唱。最近も「原発はCO_2を排出しない」とテレビCM。自身の無力さを感じていたときに、「守る会」がボラを募集していたので、2019年から参加させてもらいました。

　「守る会」が活動を再開するのでしたら、また協力したいです。

これからも福島の子どもたちのために

かわはら しげお（理事）

　守る会では理事の一人として名前を連ねさせていただいていますが、普段はほとんどお手伝いができず申し訳なく思っております。

　唯一やっていることとして毎年4月チカホでのチャリティライブのイベントがあります。守る会の保養活動を広く知ってもらうことと、カンパを集めることを目的に、札幌市内のミュージシャンのみなさんにご協力していただき、2012年から始めました。

　昨年4月には私の出前授業500回記念イベントと合わせて札幌エルプラザの大ホールで開催しました。このイベントでは、毎年3月に私と理事の前田さんと私の友人の三人で福島を訪問して見聞してきたことを報告させていただいています。

　この福島訪問では、毎年できるだけ同じ

場所を訪れ、地元の方々と直接お会いしてお話を伺うようにしています。

　今年で東日本大震災そして福島第一原発事故から10年がたち、国は、もう福島は復興した! 大丈夫だ! として大宣伝をすると思いますが、これからも福島の子どもたちのための支援を続けていきたいと思います。

チ・カ・ホでのチャリティライブ

NPO法人
福島の子どもたちを守る会・北海道

《ニュースレター》2019年 春版

共に生きる

2019 春休み保養報告

楽しかった 春休み保養 20回目

東日本大震災とそれに伴う東京電力福島第一原子力発電所の事故から8年がすぎました、2019年春休みは3月28日から4月4日まで、福島からの10家族34人の保養受け入れを行いました。また、5月のゴールデンウィーク10連休には、5家族14人がかおりの郷で過ごして福島へ帰られました。2011年夏休みにスタートした保養（一時避難）も、今回で20回目、800人の方に北海道でリフレッシュしていただいたことになります。震災後に誕生したお子さんも多数参加しました、一方、震災時に出産を控え、とりあえず避難した先で病院を探し、やっと出産することができたママ。苦しい経験をされて今日まで生きてこられた方。初めて保養を知った、という方。北海道で癒されている、とおっしゃる方も。そんな言葉を伺うと、心が深く揺さぶられます。

今回は、これまで利用させていただいた、札幌市役所職員組合・定山渓温泉「渓流荘」の閉館にともなって、はじめて、小金湯温泉「松の湯」を利用させていただきました。コンパクトな建物で、家族的な雰囲気です。露天風呂に入ると、鹿がこちらを見ていた、という野趣にあふれた宿で、子どもには大変人気がありました。また松の湯さんに隣接して、札幌市アイヌ文化交流センターピリカコタンがあります。アイヌ文化の展示をみたり、チセというアイヌの家を見学したり、庭で雪遊びをさせていただきました。今年は例年より雪解けが早く、かおりの郷でも雪遊びができないかと心配しましたが、少ない雪なりに、スキーやそり遊びが楽しめました。

避難指示区域の解除が進み、帰還が勧められ、北海道でも避難されている方への住宅費の支援が3月で打ち切られました。年明けから、新天皇の即位、新元号で新しい世の中になるかのような報道が溢れていました。その後は、2020東京「復興五輪」を盛り上げるキャンペーンが始まりました。でも私たちは忘れない、「平成」が「令和」にかわってもあったことをなかったことにはできない、原子力緊急事態宣言は発令中であり、原発は収束していないこと、福島原発2号機の溶けた核燃料の取り出しが9年目の今年になってやっとはじまったことを。事故はリセットできないと思います。保養を希望する方は減っていませんが、一方、保養受け入れの継続が困難になり解散する団体が増えています。全国的にみても公的な支援はなく、ほとんど寄付とボランティアで活動しているのが実態です。子ども被災者支援法が改定され、基本方針は「放射線量は大きく下がっている」として、今後は帰還と定住への支援へとシフトしました。保養に参加することすら「風評被害を煽る」と非難され、不安を口にすることさえ憚られる「空気」にあがらっていきたいと、強く思いました。

NPO法人福島の子どもたちを守る会・北海道
理事長　山口たか

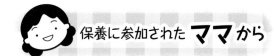

保養に参加された **ママ** から

☆ 春休み保養に参加して

　今年の春保養へ参加させて頂きました。北海道で雪遊びをしている時に子供が雪を食べました。福島では雪を食べたら怒ってしまうけど北海道だと味がしないと言いながら雪を頬張る姿に笑ってしまう。

　福島県から出てみると当たり前の事を当たり前にさせてあげられない事を痛感します。

　福島県では原発事故前とほぼ変わらない生活をしていますが、まだまだ放射線量が高い場所があります。しかし経済的な理由などから福島県で生活をし、県産の食材を使い水道水で調理をするのが現状です。福島県は放射能を測定しているので安心安全と言われています。でも10年後20年後この子供達は丈夫で健康でいられるのか？ 誰か何をしても何を食べても絶対大丈夫安心してと言って下さい‼ 今すぐ答えが欲しいのに誰も先の事はわからない。先が見えないのはとても怖いです。

　この保養でのさよならパーティーでスピーチされたドクターが「お母さんが元気だと自然と子供も元気になる」とおっしゃっていました。とても胸に響きました。当たり前の事ができないと嘆くより毎日笑顔で過ごすことが大切だと思い出させてもらった一言でした。

　事故から8年もたつと放射能を気にしている人は減ってきていますし保養を受け入れる団体も減少していると聞きます。福島県での生活が普通になっている今だからこそ、これからが保養は大切と考えます。

　受け入れる側の大変さは保養に参加させて頂くとよくわかります。準備から後片付け、美味しい食事作りに安心安全の環境作り、子供達を楽しませ母親の味方になってくれる。資金面からメンタル面まで全てのサポートをしてくれる。そして何より受け入れる側の皆さんのエネルギーがすごい！ 並大抵の気持ちじゃできない事です。感謝してもしきれません。

　福島県で生活をする事を選んだ私達母親は元気に過ごして子供達の心も体も元気にする事が保養を受け入れてくれた皆さんへの恩返しなのかなと、おこがましいですが考えたりします。

　まだまだ保養を必要としている方もたくさんいます。逆に保養を知らない方もたくさんいます。必要な方に必要な情報が届き保養への理解が深まる事を願っています。　　　　　（いわき市　H・Wさん）

☆ 震災から早8年。幼児をかかえ妊婦として奔走していた当時の状況と比べると周囲の環境も、生活スタイルも大きく変わり一見するともとの生活にもどったかのような錯覚を起こすことがあります。しかし内情は実に深く、平和とは程遠い多くの問題が山積しています。原発の現状、福島の子どもたちの甲状腺検査の結果、汚染廃棄物の行きつく先、汚染農作物や森林、農地の汚染状況…。

　住宅や施設の除染だけでは解決しない、根本的な問題が全く表にでてこないことに大変もどかしい想いで過ごしています。

　とはいえ、私を含め、福島のママたちには、少なくとも当時のような精神的な緊張やストレスから少しづつ解放され笑顔で子育てができるようになってきているのもまた事実です。その背景には、いまだに支援に尽力してくださっている保養団体の存在が、福島で生きることを決意したママたちに大いに

はじめてのスキーです！

ジャンプに挑戦！

白くまといっしょだよ〜

励ましになっています。今回の春休み保養では我が家でははじめて北海道の地に足を踏み入れました。これまで子どもの習い事の都合で、近場の保養に短期間というのがせいぜいで、遠方の保養にはふみきれずにいましたので、不安を抱えつつハガキを投函しました。参加決定の連絡では、大変親身になって対応してくださり、その後も何度も☎やメールでやりとりし、細かい不安も完全に払拭されました。札幌ではいうまでもなく、子どもたちが大いに遊び、大いに食し、スキー体験やプール、温泉で、心身ともに肥えた、最高の1週間でした。　ボランティアのみなさんが親切で、またユーモラスな方ばかりで、笑いが絶えることがありませんでした。他のご家族も心豊かな方ばかりで、すぐに意気投合し、いまだに母子ともども連絡をとりあう仲になりました。今回の私の1番の目的は、札幌の病院での甲状腺検査でした。というのも、8年たった今、福島から遠く離れた地でも、専門医の所見や率直な意見を聞きたかったためです。以前復興支援で、福島入りした経緯のある、先生が担当にあたり、質問にも時間をかけて丁寧に回答してくださいました。これだけでも私には、大きな収穫となりましたが、ほかにも、保養中の座談会や食事会では医師の方との対話も実現し、沢山の知識を改めて吸収することができました。北海道のきれいな空気とおいしい食材、豊かな地元文化と地元の方のやさしさにふれ、心身ともにリフレッシュし、また福島での生活に活力を取り戻し帰ってきました、願わくばずーっと活動が続いてほしい、何度も参加したい、そんな想いです。

　私たちの母子の健やかな生活を心からねがって下さる皆さんの想いをしっかり受け止め、福島の地で笑顔で子育てしていきます。　　　（郡山在住）

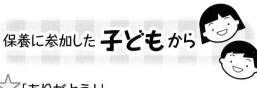

保養に参加した 子ども から

☆「ありがとう！」

　ハンバーグや魚、いろいろなお料理がおいしかったです！ スキーがたのしかったです。ありがとうございました。北海道すごく楽しかったです。また行きたいです。　（福島市　A・Sちゃん12才＆K・Sちゃん6才）

10連休 4月28日～5月5日
家族 で保養に参加して

★ 2011年に避難できなく、初期被ばくをさせてしまったことをずっと気に病んでいます。長期休みにはなるべく福島を離れ保養に行っています。野菜も肉も牛乳も県産品は口にしないようにしています。外遊びも控えていたため、2018年夏に保養先での甲状腺検査で、C判定が出されショックです。福島市の共同診療所や生活クラブの検診で、「要・経過観察」ではあるが、ガンではないと診断いただきほっとしましたがこれからどうなるのか心配で仕方がありません。

　ゴールデンウィークのかおりの郷では家族、仲間と素敵な時間をすごさせていただきました。普段は仕事で一緒に行けることが少ない父親が途中から来てくれて娘も本当に喜んでいました。やっぱり家族はいつもいっしょがいいですね。また来年も来ようね、がんばらなくちゃ、と話し仲間と別れました。ありがとうございます。　（福島市　T・Wさん）

さよならパーティー
「またあいましょう！」

春休み保養
photo

かおりの郷のごはんはおいしい！

福島の浜通りを訪れて

〜あったことを
　なかったことに
　　できない〜

Ｊビレッジ―見違えるほどきれいに

4月2日と3日の二日間、福島の浜通りを訪れました。2013年の3月に初めて福島を訪問してから、毎年3月に訪れることが恒例になっていましたが、今年は忙しかったので、4月になってからの訪問となりました。毎回、出来るだけ同じ場所を訪れて、一年間にどのように風景が変わっているか（いないか）を「定点観測」してきました。

今回の福島の浜通り訪問で、一番衝撃だったのは楢葉町にあるJヴィレッジで、原発事故当時は福島第一原発の収束作業にあたる自衛隊や消防庁の作業車の駐車場・洗車場だった場所が、見事な芝のサッカー練習場に姿を変え、なんとそこで中学生か高校生がサッカーの試合をしていたことでした。サッカーJリーグのナショナル・トレーニングセンターだったJヴィレッジは、福島第一原発の事故からは収束作業の拠点基地となり、何千人もの作業員たちがここで白いタイベックスに着替え、線量計を持たされて、ここからバスに乗ってF1に向かっていました。何年間も関係者以外立入り禁止だったJヴィレッジの建物も、サッカー合宿をする選手やサッカー少年たちのホテルに変貌しました。私たちもはじめて中に入ることが出来たのですが、すっかり高級ホテルのようにキレイになって、ここがかつては戦場に向かう前線基地のような場所であった痕跡はまったくありませんでした。

あの原発事故収束作業の拠点基地だったJヴィレッジが、再びサッカーのナショナルトレーニング

センターとして、わずか2年足らずで復活したのは、まさに驚異です。ある意味、福島・浜通りの復興のシンボルとして、国家的な規模の事業として取り組まれたことは間違いありませんが、いったいどれほど巨額のお金がかけられたのでしょうか？　それにしても、ここは福島第一原発からはわずか20km地点にあるのです。いまだ放射性物質の放出も止まらず、数日前からは使用済み核燃料の移動作業という、非常に危険な作業も始まっているのです。そんなところで少年たちがサッカーの練習や合宿をやり、来年のオリンピックには日本代表もここで合宿をするというのです。私は2013年から毎年このJヴィレッジを訪れてきましたが、2年前まではほとんど変化がなかったこの場所が、この2年で急激に姿を変えていくのを見て、あきらかに何かを「隠してしまおう」そして「無かったことにしよう」という国家の強い意志を感じました。

NPO法人福島の子どもたちを守る会・北海道
理事　川原　茂雄

編集後記

春休み保養、連休保養と続き、合わせて51名の方にリフレッシュしていただきました。気がついたら桜も散っていました。保養感想をママにお願いしたところ、想いがあふれる原稿をいただきました。ボリューム満点のニュースレターです、保養会計など報告は次号にさせていただきます。多くのみなさまのご協力ありがとうございました。　（T）

＊NPO法人 福島の子どもたちを守る会・北海道＊　携帯電話／090-6990-5447
〒060-0807 札幌市北区北7条西5丁目 ストークマンション1003号
メール／ fkmamoru@gmail.com　URL／http://fukushimakids.org/
〈ゆうちょ振替口座〉特非 福島の子どもたちを守る会・北海道 02750-1-71422

④

北海道新聞福祉基金、札幌市さぽーとほっと基金、子ども被災者支援基金助成事業

NPO法人
福島の子どもたちを守る会・北海道
《ニュースレター》2019年 秋版

共に生きる

2019 夏休み 保養報告

「復興五輪」って!?
果てしなく遠い道のりへ一歩ずつ

当会の保養も今年の夏保養で21回目を迎えました。7月25日から8月5日の日程で9家族28人が参加、アレルギーで救急車! という一幕もありましたが、大きな事故やけがもなく無事に終了しました。乳児から10歳までの子どもたち、連日の猛暑にもかかわらず元気いっぱいに外遊びを楽しんだようです。福島の暑さに比べればなんてことないのでしょうか…?

今年は藤野、簾舞でクマの出没が相次ぎ緊張しました。かおりの郷でも電気柵に通電したり、敷地外のお散歩にはクマ鈴を持参したりと対策をとりましたが幸い近辺での目撃や被害の情報はなく、ほっとしました。それだけ自然豊かなのだとも言えますがクマや野生生物との共生と言ってもなかなか難しいものがあります。

今回、うれしかったのは当会の保養の初期に参加していた子が中学生になりおばあちゃんと一緒にボランティアとして福島からきてくれたこと、避難移住したご家族のお子さんもここ数年ボランティアとして参加してくれています。

昨年から、疲労を考慮してプログラムをスリム化してなるべくゆっくり過ごしてもらいたいという方向で準備しています。猛暑の中、かおりの郷の敷地内や周辺、八剣山果樹園、ピリカコタン、さくらの森など近郊で自然と触れ合う時間が多かったと思います。かおりの郷ではプールで水遊び、畑で野菜収穫体験 (きゅうり、ダイコン、ニンジン、ジャガイモ、インゲンなど。トマトが間に合わず残念)、ピリカコタンでは館内をていねいに案内していただきアイヌ文化に触れて興味津々、夏祭り (ミニ縁日、クイズ大会、アイヌ手芸体験、ステージ)

にも参加しました。

また、楽しみにされていた蘭島での海水浴は疲労を考慮して試みに滞在時間を減らしてみました。帰りには仁木のフルーツパークも寄り道しておいしいランチを食べたり、試行錯誤です。8月3日には「ばんけい夏祭り」で縁日や花火を楽しみました。蘭島に加えて、こちらでも太陽グループさんに便宜を図っていただき、感謝です。

「ママカフェ」は北川医師の参加を得て、ママたちの心配事や日頃感じている不安などを語り合いました。子どもたちの健康について、福島での周囲との齟齬、行政への不信、などなど予定時間を大きく超過し、ママたちの胸の中に溜まっていた思いがあふれました。

さて、来年は2020年東京オリンピック・パラリンピックが開催されます。「復興五輪」とはよく言えたもの、まるで何もなかったかのように、それどころか、家賃補助打ち切り、公務員住宅からの追い出しと被災者をより追い詰めていく現状があります。これからも福島の方たち被災者の方たちに寄り添っていきたいと思います。また、オリ・パラに伴い、交通手段などの混乱も予想されますので、早くも来年の春保養に向けて前倒しの準備です。

夏休み保養の後、以前保養にいらした家族がパパと一緒にかおりの郷に滞在されました。家族でゆっくりと過ごされたようで、このような利用が増えていくといいなと思います。

2019.9.14　泉　恵子

保養に参加された **ママ**から

スイカ割りも楽しかった

☆ 保養に参加して

今夏の保養では大変お世話になりました。放射能の心配がない大自然の中で子どもたちを思いっきり遊ばせることができ私自身もリフレッシュできました。夫とたくさん悩んで福島に住み続けることと決めました。やはり不安はありますが皆様からいただいた大きな励ましと応援を力にして今の福島で子どもたちにできる事を精一杯していこうと思います。今はまだ、保養の意味を分かっていない子どもたちですが、もう少し大きくなった時沢山の人たちが自分たちを心配して応援してくださった事を伝えたいと思っています。楽しかった思い出の写真を見せて…。

（郡山　Ｙさん）

☆ 震災後も福島にいることを選択したからには長期の休みには保養に行って、心も体もリフレッシュしたいと思っています。震災から9年が経ち自分の周りでも原発事故の影響を気にする人もいれば、もう大丈夫と考えている人もいて、とても温度差を感じます。保養で知り合った方は、同じ考えを持っている方が多く想いを共有することが自分の心の保養につながります。もちろん子どもたちは、放射能を気にすることなく、外で思いっきり外遊びや海遊び、土を触ったりすることもできます。他の子どもと一緒に過ごすことで、普段体験できない事もたくさんさせていただきました。

（郡山　Ｈさん）

☆ 保養に参加したのは今回で3回目です。福島から離れて川や海や外でたくさん遊ばせられて、私も子どももとても楽しい時間を過ごせました。なかなかこの長い期間をホテルなどの宿泊施設で過ごそうと思っても金銭面上できません。保養施設があり、イベントの参加や、お祭り、楽しい行事もあり、優しくて面白いスタッフのみなさんの手助けがあり、美味しい食事があり。同じ境遇のお母さんたちとのお話も、心落ち着きます。ずーっと続けてほしいです！

（南相馬　Ｙさん）

☆ このような大自然のもとに連れてきていただき感謝いたします。北海道の偉大さを実感し親子のんびり何の弊害もなくすごせています。食べ物、空気、水、放射線量を気にしなくて良い場所を提供してもらい、これが本当の日本でなくてはならないと思います。（略）この地の想いを胸に、また福島で頑張れそうです。次の機会がありましたら、故郷へ帰る気持ちで、ここにまた来たいです。　（福島　Ｙさん）

その他、多くの保護者の方が、これからも保養を継続してほしい、子どもたちの元気な声、笑顔、外で思いっきり遊ぶ様子を見て幸せを感じた、この子をしっかり守っていく、などの感想をお寄せいただきました。スタッフボランティアだけでなく支援くださっている皆さまへの感謝も沢山いただきました。

かおりの郷のハンモックは楽しいな

はじめての海水浴！

夏休み保
phot

ボランティアの方から

★ はじめてのボランティアに参加して

　今回ボランティアとして初めて参加させていただきました。私は子育て経験も無いので、うまく子どもたちのお相手ができるかどうか、自信が無かったのですが、子どもたちはそんな私とも親しく遊んでくれました。元気に追いかけっこをしたり、水遊びをする子どもたちの笑顔は、私にも幸せを分けてくれました。あの原発事故から8年の月日が経ちましたが、被災地ではまだまだ安心して暮らしていけないのが実状だろうと思います。放射能の心配がない北海道でのリフレッシュが、子どもたちや親御さんたちにとって、ほんのささやかでも、明日を生きる力、活力になったのなら幸いと思います。子どもたちの健やかな成長を願います。　　　　（目黒　潤）

みんな揃って「ハイ！ チーズ!!」

セミがいるから捕って！

思いっきり駆けっこしたよ

保養が終わって ～子どもたちの声
（子ども被災者支援基金のアンケートから）

　財団法人「子ども被災者支援基金」は東日本大震災以降、被災者支援団体への助成を行っています。当会も、助成金を受けていますが、助成金が適正に使用されているか、監査も行われています。また、保養参加の方の満足度、保養の内容などをチェックするために参加者にアンケートを行っています。当会の保養に参加した子どものたちの声の一端をご紹介します。（参加子ども19名中、回答は9名）

Q なぜこのプログラムに行こうと思ったか
①たのしそうだったから……9名

Q 保養に行く前と行った後について
①行く前より元気になった……9名
　（理由…空気や野菜がおいしかったから・みんなと楽しく遊べたから・友だちができたから・外で沢山あそべたから・たくさん走れるようになった）

Q なにかあった時スタッフや友だちに言えましたか
①言えた……………………5名
　（ムカデをみつけた時・ありがとうといえるようになった・どうしたの？ と聞いてくれた…）
②どちらとも言えない……4名

Q また参加したいですか
①ぜったい参加したい…………6名
②機会があれば参加したい……3名
③参加したくない………………ゼロ

Q 感想（自由記述）
＊魚つりが楽しかった・ごはんがおいしかった・乗馬や海水浴がたのしかった・
＊ありがとうございます、これからも強く元気に生きていきます
＊たくさんの人のおかげでとてもたのしい思い出ができました。とれたての野菜がおいしかったです。やさしくしてくれたおじさん、おばさん、またあいたいです。

③

あったことを
なかったことにはできない
～誰も責任を問われない原発事故～

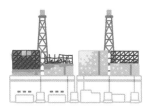

　2011年3月の東京電力福島第一原発事故を巡り、旧経営陣3人が業務上過失致死傷罪で強制起訴された裁判で、東京地裁は9月19日、驚くべきことに被告の勝俣恒久・元東電会長以下全員無罪判決を言い渡しました。過酷事故から8年半。東電に対しては原発事故の避難者によって民事訴訟が約30件提起され、そのうちすでに12件の一審判決において、どれも東電に対して賠償を認める判決が出ているにも関わらずです。
　北海道においては、東電の民事責任を問う「原発事故・損害賠償北海道訴訟」が9月10日結審しました（判決は2020年3月10日）。「福島の子どもたちを守る会」の理事でもある、福島市出身・中手聖一さんは北海道訴訟の原告団長です。このたび結審した訴訟への想いをつづっていただきました。また、福島県富岡町出身で伊達市から札幌へ移住された宍戸隆子さんは民事裁判の原告で、19日の判決に関して特別寄稿していただきました。

原発事故損害賠償訴訟が結審しました　　　中手 聖一

　「原発事故・損害賠償北海道訴訟」へのご支援ありがとうございました。6年にわたる訴訟も2019年9月10日をもって結審しました。この裁判での私たちの思いを伝えるため、当日の私の最終意見陳述を書き起こしました。
　判決は来年3月10日、図らずも私たちが最後の平穏な日を送ったときから丸9年目の日になります。今後とも応援のほどよろしくお願いします。
　（以下、原告最終意見陳述を記憶を辿り書き起こしたものです）

1. 原発事故とその被害に対する、国および東京電力の責任と謝罪について

　長い裁判の中で一度だけ、私は自分の気持ちを見失ったことがあります。「いったい何のために裁判をしているのだろう？」と分からなくなったのです。私は妻に同じ質問をしてみました。「あなたは結局のところ何のために裁判をしているの？」と。妻の答えはシンプルでした「私は国と東電にちゃんと謝ってほしいの」。まったくその通りだと思いました。私も、被告が事故と被害の責任を認め、二度と繰り返さないよう反省し、被害者に謝罪してこの問題を社会的にも個人的にも決着をつ

けたい。その思いをもう一度見つけることが出来ました。
　しかし、この裁判での被告の主張はどうか？ 反省はおろか責任さえ自覚していません。被告は事故の9年も前から巨大津波が発生しうることを知りながら、対策を引き延ばしてきました。他の電力会社が津波対策を進める中、ただ一社東電だけが経営的理由で行わず、国は対策を取らせることが出来たにもかかわらず追認してきました。
　私は津波対策さえすれば原発は安全とは考えていません。原発の潜在的な危険性、不完全な人間がそれを作り運転すれば必ず事故は起こると思っています。しかし今回の事故は津波対策さえすれば防げました。実際3・11でも既に前年に対策を終えていた東海第二原発は、一部の非常用発電機が残り放射能事故になりませんでした。福島原発事故は決して"想定外"ではありませんでした。

2. 被害の実相について

　私は福島で30年以上障がい者の仲間たちと苦楽を共にし、それまでに無かった新たな事業創りに取り組んできました。それは充実した何物にも替えがたい私の生きがいであり矜持でした。3・11当時手

④

掛けていたのは累犯障がい者の地域定着支援でした。ノウハウを積み上げこれからという時に原発事故が起き、中断せざるを得ませんでした。本当に悔しかった。

　もう一度やり直す新天地として北海道に来て7年、残念ながら私には何もできていません。意欲も沸きません。悶々とした年月を送りようやくその理由が分かりました。もともと人見知りで人間関係作りに時間のかかる私が福島で出来たのは、30年以上かけて築いた仲間との関係、行政や地域の人々との関係があったからだった、と。では、20年後に私はまだ生きているでしょうか？ 残念ながら20年後を目標にできる歳では既にありません。もはや取り戻せないことを、年を追うごとに認めざるを得ません。私たちの被害は、係った費用を積み上げただけで分かるものではありません。

3. 判決から見出したい希望について

　私がいま見出している希望、それを拙い言葉でいえば "子や孫たちに誇れる社会を創っていく" ということです。

　障がい福祉の中から学んだ大切な言葉の一つに、"障がいがあること自体が不幸なのではない。障がいがあるが故に生きにくい社会、その社会こそ不幸なのだ" というものがあります。私たち原発事故被害者にも同じことが言えると思っています。

　私は北海道に避難して、たくさんの方から温かい支援を受け、本当にありがたく思っています。けれども時折、ほんとに時折ですが、「かわいそうに」という眼差しを感じることがあります。避難者なら誰もが経験していることです。その度に「そうではない」という思いを抱いてきました。"原発事故の被害者だから不幸なのではない。事故で受けている困難を放置しているこの社会こそ不幸であり、いつまでも謝罪されず心に棘が刺さったまま加害者を許せずに生き続けなければならない現実、それこそが不幸なのだ" と思っています。このままで良いはずがないと思います。

　被災や避難が自助努力や施しの対象となるのではなく、すべての避難者・被災者が自らの権利として賠償され、胸を張って堂々と生きていける、そういう社会にしなければならない。広島・長崎を経験した世界で唯一の被爆国の日本、福島原発事故を起こしてしまった私たち日本人。この課題はあらゆる立場を超えて、私たち日本人全員が負っている使命ではないでしょうか。そしてそれは実現可能なことです。それが叶うには長い月日がかかるでしょう。子や孫へ引き継いでいくことになるでしょう。

　この裁判の判決が、そのような社会へ向かう力強い後押しとなることを願っています。

特別寄稿　刑事裁判の判決に寄せて　　宍戸 隆子

うそでしょ。

　東電刑事裁判。3人の被告の無罪を携帯の速報で知った時、本当に倒れるかと思った。

　時期的に損賠北海道訴訟の立ち上げと重なっていたこともあり、私は刑事訴訟には直接関わるのを断っていた。だから、間接的にしか刑事裁判の内容は知らなかったが、それでも弁護士さんや告訴人の友人たちの頑張りと、十分と思える証拠や証言が出ていることに、少しでも報われる判決が出るのではと期待していた。

　TV画面の向こう、不当判決の紙を掲げた友人たちの泣き顔に胸が詰まった。見知った顔、顔、顔。皆、悔しさと怒りに、泣いていた。

　今回の判決文中「当時の法令上の規制や国の審査は、絶対的な安全性の確保までを前提としておらず…」とある。何を言ってるのかと思う。絶対事故は起きない、何があっても安全だからと、原子力発電所は建てられたのだ。原発立地町に配られていた「アトムふくしま」という広報誌は毎回、しつこく安全を強調していたのだ。なのにいざ、事故が起きたらこれか…。

　判決内容を何度読み返しても、これでどうして無罪になるのか未だにわからない。国の長期評価を「信用できない」とうそぶいて対策を遅らせたことを、国が問い詰めないのも理解できない。実際事故が起きたせいで奪われた命があること。たくさんの人が今なお苦しい状況に置かれていること。その責任では、だれが負うのだろう？

　逆説的に、責任の所在もはっきりしない原子力発電を、これからも続けていくことなんてできないと思うのだが。

　3月には損賠北海道訴訟の判決も出る。全国各地で訴訟は続いているし、刑事裁判も控訴することになるだろう。まだ道のりは果てしない。

⑤

報告

総会終了

6月29日、2018年度総会を開催。活動報告、決算、活動計画、予算、監査報告、すべて承認され、2019年度活動がスタートしました。来年は、オリンピックが開催され、交通、宿泊、イベント、あらゆる場面でこれまでにない制約や規制がおこなわれることが予測されます。当会としても早め早めの行動で春休み、夏休みの保養に支障ない体制をつくっていきたいと考えています。（貸借対照表などはいつでも縦覧できます、ご連絡ください）

収穫祭をしました

9月22日、曇り時々晴れ、暑くもなく寒くもなくまさに収穫祭日和!

かおりの郷で栽培、収穫されたたくさんの野菜たち。夏休み保養には福島の子どもたちに収穫体験をしてもらいました。トマト、ズッキーニ、キュウリ、芋…、天の恵みに感謝するとともにあますところなく食べましょうと恒例の収穫祭を行いました。参加者は25名。当会の保養を通じて札幌に自主避難されたYさん一家も参加してくれました。ボルシチはじめ料理の品々もとてもおいしくて参加者一同喜んで食べました。収穫野菜は皆さんにお持ち帰りいただきましたが、皆さんカンパをしてくださいました。活動に有効に使わせていただきます!

海の風は気持ちがいいよ〜

◎夏休み保養支出額

費　目	金額（円）	備　考
保養者交通費	1,862,940	航空運賃、バス代
ボランティア交通費	282,401	ガソリン代、バス代
まつの湯宿泊費・食事代	972,600	
食材及び雑貨	326,698	
入浴料・入園料	198,910	花火大会、フルーツパーク
甲状腺検査	30,240	
寝具等クリーニング代	47,182	
保養環境整備	70,265	かおりの郷整備
合　　計	3,791,236	

編集後記

関西電力の幹部が、高浜原発が立地する福井県高浜町の元助役から3億2千万円相当の金品を受けていた問題が表面化しました。原発関連工事を請け負う地元建設会社が助役に提供しそれが関電幹部に流れたものと報道されていますが、先の刑事裁判で明らかになった数々の事実もふくめ、原発をめぐる黒い金の動きがまたひとつ。絶対安全でなければいけないはずの原発ですが、国民の命は後回し、ないがしろにされていることに暗澹とします。異議あり、の声をあきらめず挙げ続けてきたいと思います。　　　　（T）

＊NPO法人 福島の子どもたちを守る会・北海道＊　携帯電話／090-6990-5447
〒060-0807 札幌市北区北7条西5丁目 ストークマンション1003号
メール／fkmamoru@gmail.com　URL／http://fukushimakids.org/
〈ゆうちょ振替口座〉特非 福島の子どもたちを守る会・北海道 02750-1-71422

⑥

虫とりは楽しい〜

福島の子どもたちを守る会
JAPAN FUTURE FOR FUKUSHIMA CHILDREN HOKKAIDO

2020年

ピエロさんがあそびに来たヨ

　新型コロナによるパンデミックで、北海道では2月末に緊急事態宣言が発出され、春保養は、来札のご家族がすでに決まっていたものの、中止となりました。さらに話し合いを重ねた結果、夏保養も中止と決めました。連休に一家族7人だけに来ていただく寂しい年となりました。

東北の大震災。そして福島の原発事故から　今年で10年になります。

音楽評論家・作詞家　湯川 れい子

　私も当初の5年間は、目には見えない放射能の影響を怖れて、福島の子供たちの滞在型サマーキャンプなどを支援して来ましたが、そのことがかえって、被災地の風評被害に繋がるというお声を頂きました。

　それで現在は、震災によって保護者を失った遺児・孤児の学業支援をお手伝いしています。

　それが2020年は思いもかけない新型コロナ・ウィルスによって、国難とも言える大変な被害を受けて、日本中が精神的、経済的に苦しんでいる状態です。

　そんな時に、これからも福島の子供たちを守ろう、とする運動は、きっと今まで以上に大変なことでしょう。

　でも、福島の子供たちを守ると言うことは、ひいては日本中の子供たちと、その未来を守ると言うことにつながっているのです。ぜひそのことを多くの方達にご理解いただけたら…、と、心から希望しています。

　どうぞ、こんな時だからこそ、ぜひ頑張って下さい。

北海道の「お父さん　お母さんへ」

生田目 恵子

保養に参加
茨城に移住

東日本大地震から10年
あっという間　怒涛の10年
決して忘れることのないあの日
振り返りたくない気持ちもある
でも伝えていかなければならない
2011.3.11
激しい揺れが福島県を襲った
子どもたちを車に避難させラジオをかけた
津波が来る
高台に走って避難した
この時は原発事故なんて全く考えていな
かった
原発が危ない? 爆発?
避難しなければならない
情報が錯綜し本当のことが何もわからない
焦り　不安
山道を抜け都内に着くと
ショッピングモールが明るくて眩しくて涙が
溢れた
どうしよう　どうなるのだろう
子どもたちを守るために　何ができるのだ
ろう

10歳3歳2歳
生きていることに感謝して踏ん張らなければ
全国に支援の輪が広がっている事を知り情
報収集に必死だった
当時の手帳には支援団体や保養情報がびっ
しり書き込まれている
何年もお世話になり本当に本当に助けてい
ただいた
保養がなかったら私たちはどう生きていた
だろう
守る会の皆さん
たくさんたくさん遊んでくれてありがとう
おいしいおいしいご飯をありがとう
沢山の楽しい思い出をありがとうありがとう
感謝の気持ちは元気にすくすく成長する事
で伝えようと毎日楽しく踏ん張っているよ
また会える日を楽しみに
長生きをしてね笑
守る会のみんなは私たちの大事な家族
お父さん　お母さん
いつもありがとう　だいすきです

共に助け合う活動の重要性

磯野 孝吉

　9年間重ねてきた保養活動がコロナに
よって中断を余儀なくされたことはとても
残念です。ただ私にとっては、今までの活動
を振り返り、保養の意義を考えるいい機会
でもありました。
　私が会の設立を知ったのは福島第一原発
のメルトダウンにショックと先行きの見えな
い不安・憤りが渦巻いていた時でした。「何か
しなければ」という思いだけでボランティア
に応募しました。会議に参加し驚かされたの
は、40名を超える参加人数と約1ヶ月という
保養期間です。この間の生活の全てを支えて
いくという運営委員のみなさんの思いに触
れ、事の重大さを深く印象付けられました。

保養が始まると「走りながら考え、考えながら走る」の表現が不適切かもしれませんが、大集団の逃避行のような毎日が展開されていきました。そんな毎日の中心に子どもたちが居座り、彼らの巻き起こす騒動は、笑いあり涙ありのドキュメンタリー映画。そして大集団から大家族へ変貌していくクライマックスは、保養がもたらした、大きな力だと思いました。おそらく生活をともにすることで育まれた人と人の交流があったから

だと思います。

あれから10年。マスク1枚手に入らない混乱から首相は交代しましたが、新たな困難が串刺しされただけで、政治の迷走はさらに深まってきました。その中でも一番許されないのは、困難といいながら〈自己責任〉という〈棄民政策〉を推し進めようとしていることです。政治の流れを変えるためにも〈共に助け合う〉活動の重要性はますます高まってゆくのではないでしょうか。

10年の重さとこれから

及川 文

先日、福島から北海道へ自主避難して来られた御家族の娘さんが成人を迎え、そのお祝いの集まりに参加させて頂きました。こちらへ来た頃は、小さな泣き虫の小学生だった彼女が、美しく振袖を纏い、すっかり大人の女性に成長した姿に感無量…。ああ、もう10年も経ったんだと歳月の重さに改めて感じ入りました。

あの未曾有の大震災と原発事故から丸10年。当初は、日本中の誰もが直接被災したかどうかに関わらず、当事者としての意識を持って、自分の出来ることは何か、真剣に向き合ったと思います。それがここにきて、復興の旗印の元、すっかり過去の事

のように扱われているのが気にかかります。原発事故は決してそんなことはないのに。

私自身はというと、北海道に住む自分が出来ることは何かと考え、被災地の子どもたちの保養に関わる事と、安心安全な未来を次代に残す事、この2点を選択し、そのための活動を継続しています。特に福島の子どもたちを守る会に携わったおかげで、さまざまな立場の人と繋がり、理不尽な事に対して声をあげることの大切さを学びました。10年の節目にあたり、繋がる事のできた多くの皆さんに感謝するとともに、必要とされる限りこの活動を続けていきたいと、あらためて強く思います。

一期一会

岡本 満喜子（運営委員）

福島の震災・事故から10年を迎えます。2020年は、コロナ禍の中、春保養も夏保養も中止になりました。21年の保養はどの様

な事になるのかと思いながらこの原稿を書いています。

2011年、友人から福島の子ども達の保養を手伝ってと誘われ、食事作りぐらいならと雪秩父キャンプ場へ行ったのが初めての保養でした。

寝る時は、福島から保養に参加した家族の人達と雪秩父温泉の大広間で雑魚寝でし

た。キャンプ場での片付けを終えて宿に帰り、お風呂に入り部屋に戻ると、お母さん達が布団を敷いてくれていたり、おしゃべりをしたり、あれから10年も経つのだと思うと時間の経過する速さを感じます。

その後、9年間、春保養、夏保養、冬の保養があった年もありました。その時々、多くのお母さん達や子ども達と生活を共にし、接してきました。何時も、名前と顔が一致し気心が知れた頃にお別れです。お母さん達は

元気にしているかな、子ども達も大きくなっているのだろうなと思いながら、一期一会という言葉を実感しています。

ソリって楽しい〜

多重複合汚染の社会を迎えて

北海道がんセンター 名誉院長　西尾 正道

原発事故から10年目を迎えようとしています。この間、政府・行政は福島県民の長期的な視野に立った健康被害の問題を軽視し、また汚染された東日本大震災の廃棄物も全国にばら撒き、「総被曝国家プロジェクト」が進んでいます。私が支援している「いわき放射能市民測定室たらちね」では日本で唯一市民が非営利活動としてβ線の測定も行っているが、海水中のストロンチウムやトリチウムからのβ線が検出されている。また保養前後の子供達の尿のγ線測定では保養後は多くの子供達の測定値は低下している。

今後はトリチウム（3重水素）の海洋放出も行われようとしているが、人体の全ての物質の中の化学構造式の中に水素として入り（有機結合型トリチウム）、β崩壊してヘリウムに変化するので、単にβ線を出すだけでなく、化学構造式まで変えることとなり、広い意味では遺伝子組換えとなる。またトリチウムがヘリウムに変われば、DNAの二重らせん構造を維持している水素結合力も失う。

最も人体影響に関与する内部被曝は軍事機密扱いとされ、Svというインチキな単位で議論し、嘘と隠蔽で書かれた民間団体であるICRP（国際放射線防護委員会）の報告を基に対応しているツケは将来20〜30年後生じると心配している。

さらに深刻なのは、農薬を中心とした化学物質や遺伝子組換え食品の普及により、食の安全も脅かされている社会となっていることから、現在の日本は、放射線と各種毒性化学物質との「多重複合汚染」の状態であり、癌をはじめとする多くの奇病・難病も増え続けると考えられる。

1970〜1980年代の野村大成氏（大阪大学名誉教授，放射線基礎医学）の動物実験の研究では、低線量の放射線と低用量の毒性化学物質に汚染すると、一方だけでは癌が発生しなくても、相乗効果でがんが発生しやすくなることが証明されている。正しい知識で健康を考えたいものである。失ってから最も後悔するのは「健康」なのである。

私たちの保養所ができた!
（2014年8月）

NPO法人
福島の子どもたちを守る会・北海道
《ニュースレター》2020年 春・夏合併版

今こそ! 共に生きる

離れていても つながる心

2020年―私たちの世界は大きな危険にさらされました。新型コロナウイルスによる世界規模の感染と、それに伴う、経済、社会の大混乱です。ひとつのウイルスでこれほどの事態になるグローバルな経済の発展とは、なんと脆弱なのでしょうか。

2011年3月11日の東日本大震災による地震津波、東京電力福島第一原発の事故以降、福島の子どもたちを支援してきた「福島の子どもたちを守る会」としては、年明けから春休みの保養を準備してきましたが、福島の保護者の方からも、北海道へ行くことに対する不安の声があがりました。たとえ、保養所・かおりの郷で十分な感染対策をとった上で、ご家族を受け入れたとしても、移動中の交通機関での感染リスク、保養所での大勢の子どもたちの、密になっての遊びや交流…それ自体保養の目的の大きなひとつなのですが、それが感染につながりかねないと考え、理事会・運営委員会で議論の上、断腸の思いで、保養の中止を決断しました。感染者は減少しないどころか、今後の不透明感は増すばかりです。そのため、大変残念ですが、夏休み保養も中止といたしました。多くの皆さまにご支援いただき継続してきましたが2011年保養を開始以来はじめての春・夏保養の中止です。ウイルスにより生活が破壊されない社会、命が脅かされることのない社会の実現を切望します。

これまでの日常とは違う新しい保養の形も模索しながら、21年春休みには保養が実現できるよう準備を続けます。私たちは福島を忘れません。身体的距離は離れても、心はつながっていることを共有したいと思います。　　　　　　　理事長　山口たか

保養の10年を振り返って

東日本大震災に伴う原子力発電所から放出されてしまった、または漏れ出てしまった放射能を体内に取り込むことを少しでも避けるために、福島県内在住の子どもたちの一時的な保養に携わって10年が過ぎようとしている。その間にはいくつかの変化があった。

まず一番大きな変化は、会の2年目には「かおりの郷」という保養のための家を確保したことである。これは離農した農家が廃屋同然になっていたものを修理して、拝借したので、当然のことのように隣接する農地が付随していた。私たち「福島のこどもたちを守る会・北海道」は、札幌に滞在する間だけでも無農薬無添加の食事をとってもらうために確実な方法として、その農地の活用を始めた。農業部会を立ち上げて、ジャガイモ、トマト、キュウリ、ニンジン、サヤエンドウ、トウモロコシなど合計すれば20種類ほどを毎年収穫し、調理して提供した。

また、保養に参加する子どもたちに収穫を楽しんでもらうという目的もあったので、ちょうど保養の時期に合うように収穫の時期を調整したりした。素人仕事としては、なかなかの成果をあげることができたように思う。福島というと農業県であり、そこに住んでいる子どもたちなら日常的に農作業に慣れているだろうというのは偏見であり、実際には農家の子などはあまりいないから、大喜びしてくれた。

さて、保養中止について来年もどうなるかよく分からないのが現状ではあるが、コロナ騒動は収まっていると仮定して、私たちは受け入れの準備をしている。

思い起こせば、札幌での観光として子どもたちに大人気だった円山動物園もコロナ禍の中で休園していたが、新設されたアフリカゾーンもオープンして、7月からは完全に再開した。今後もさらに楽しく安心な保養を提供するために、頑張ろうと考えている。　　　　　　理事　乾 淑子

松崎理事、堀元理事、ともにドクターです。
現場からの声をお聞きください。

コロナ感染の中で

理事
道北勤医協旭川北病院
院長　**松崎 道幸**

新型コロナの症状

熱や咳で発病することが多いといわれていますが、日本や韓国では欧米よりも熱や咳がない場合が多いので熱が出なくとも要注意です。のどが痛い、だるい、においや味がわからなくなるという症状で始まることもあります。

初発症状	発熱	咳
世界	78%	57%
韓国	32%	18%
日本	35%	28%

死亡率

アジアの国々の新型コロナの死亡率は、欧米の国々の10分の1から100分の1です。人口10万人当たりの死亡者数は、欧米の国々で数十人ですが、日本0.56人、中国0.32人など、アジアの国のほとんどが1人以下です。

さらに、年代別死亡率は、日本の30代、40代で感染した1000人中1人、60代以上では1000人中17人から111人が死亡しています。還暦前の方々は新型コロナに感染してもほとんど死なないといえます。

なぜ欧米よりもアジア、日本の死亡率が低いのか

豊かで、医療レベルの高い国ほど病気の死亡率が低いのがふつうですが、新型コロナでは、欧米の経済的先進国でとても高い死亡率となっています。一つの考えですが、結核予防のために子どもの時にBCG接種をしている国（アジアに多い）で、コロナ感染率と死亡率が格段に低くなっているのです。結核に悩まされてきた国々が歴史の偶然で、新型コロナに強い免疫を持つことになったのかもしれません。

新型コロナの薬はあるのか

まだ決定的な治療薬は見つかっていません。人工呼吸器治療が必要になった重症の患者さんの救命率を少しだけ向上させる薬はありますが、感染してもこの薬を使えば死ぬことはほとんど防げるという薬はありません。

ワクチンはいつできるのか

巨大製薬企業によって開発中のワクチンが1〜2年後に使えるようになるかもしれません。ワクチンが実用化されるまでには、健康な人に投与して副作用がないかどうかを調べ、新型コロナが感染している地域でワクチン投与者と非投与者の感染率、症状の重さの違いを比べて、役に立つと証明されてからでないと実用化できません。もう一つの問題は、数十億人分のワクチンを一度に作ることはできませんので、誰に優先的に投与するかが問題となります。お金や権力で決めるのではなく、いのちを守るために必要な人々に優先的に投与すべきです。

どのように感染するのか その1

インフルエンザや新型コロナのような鼻、喉、気管支に感染しやすいウイルスは、ウイルスの混じった鼻汁、タンがくしゃみや咳で周りの人に飛び散ったり（飛沫感染）、それらが付いた手指で触ったからだや物（握手、ハグ、ドアや水道の取っ手、日用品、ボタン、スイッチなど）に触ることで感染します。感染を防ぐには、マスクをして、2メートル以上離れる、しっかり手洗いをすることが必要です。

どのように感染するのか その2

やっかいなことに、新型コロナは、症状のない時期の感染者、つまり発病前の感染者から感染することが非常に多いのです。日本の集団発生では、4割の感染が、感染発端者が無症状の時期に発生していたと報告されています。咳や鼻汁がないのになぜウイルスが周りの人にうつるのでしょうか？ 感染した人の体の中のウイルス量を調べると、発病前に最大になることが分かっています。ということは、熱や咳がなくとも、唾液や鼻汁、タンの中にはたくさん新型コロナウイルスが存在しているということです。発病したと思えない程度のごく軽度の咳、タン、鼻汁を触った手指やふき取ったティッシュペーパーを介して感染がおこる、さらに、新型コロナは腸でも増殖するので、便を介してトイレなどで感染する可能性があります。

無症状の感染者からの感染を防ぐことは？

中国での調査では、家庭内濃厚接触であっても、マスクを常時着けていると無症状の感染者からの感染を半分に減らすことができたということです。これに手洗いの徹底を加えると、感染リスクはずっ

と低くなるでしょう。ただし、そうなると、社会生活中ずっとマスクを着けていなければならないことになります。新型コロナワクチンと特効薬ができるまで、24時間365日ずっとそうしなければならないのは大変ですが (;^_^)

無症状の感染者の発見は必要？

それこそが必要です。可能ならば、すべての人々にPCR検査と抗体検査の両方を行い、感染間もない人とすでに感染した人をみつけだし、その後、まだ感染していない人を定期的なPCRと抗体検査でフォローすることで、無症状の感染者の発見が可能となると思います。

最後に―新型コロナと保養について

保養のイベント自体は三密にならないように工夫をして行うことは可能と考えますが、往復の公共交通機関の中で、症状のない方からの感染の心配があります。また保養スタッフ、飲食施設スタッフ、一般利用者など多くの人々と接触する機会が増えるほど、おもわぬ感染が発生することも考えられます。北海道は一応新規患者の発生が抑えられているように見えますが、まだまだ安心できません。したがって、現時点では新型コロナ感染予防のために、今年の保養を中止する必要があると考えます。

「コロナと保養について考える」
～Be Together へ～

理事　旭町医院 院長　**堀元 進**

コロナ騒ぎが半年弱を経てまずは一段落、という事であろうか、これからは「with コロナ」だと言う。わかり易い表現とも言い得るが、やはりその薄っぺら感が否めない。

コロナウイルスは私達が日常的に経験するいわゆる「カゼ（感冒）」を引き起こす人類にとってはなじみのウイルスであるが、ある種の変異が人類に大きな危害を加える事があり、過去に SARS、MERS の流行が記憶に新しい。

私達人類は長い歴史の中で様々な感染症を経験し、その中で自分達の生存能力を高めて来た。然しその戦いは、敵であるウイルスを我々の住む地球上から消し去り、平穏な日を回復した、という様な単純な構図ではない。そもそも私達が簡単に一括りで言うウイルスは人類が生まれる遥か昔から存在する。人類の歴史の短さなどには較べようもない桁違いのスケールである。

ビッグバンからの長い地球の歴史で、水が生まれ、海洋が出来、昼夜の温度の変化が狭まる環境変化の中で原子生命体が出現する。その流れの中に現在と左程、変わらないウイルスは既に存在していた。

人類が感染症の原因として「ウイルス」という概念を医学的に知り得てまだおよそ100年強しか経っていない。が、しかし、ウイルスは人間を脅かす事を目的とする病原体として地球上に存在するわけではない。ウイルスにとって人間との関りなどは些事、人類は単なる一つの宿主に過ぎない。人類がいようといまいと関係なくウイルスは地球生態系の一部として存在する。いわば「生命的なるもの」が出現する時からの地球の歴史そのものとも言える存在である。

そのウイルスの存在も当たり前に含めて「地球」は成り立っている。

我々は自分達以外の世界を「とりまく環境」として一括りにし、その本質を忘れて軽んじる。私達は「生きている」には違いはないが、それ以前に宇宙の全体の中の地球という場所でその環境により「生かされている」存在である。

人類の長い歴史の中で、太陽の恵みの中で生活するという運命的な規範とも言うべき基本を初めて犯し、文明を制御不能にした大きな出来事が核開発である。太陽から降り注ぐエネルギーで成立している地球で、本来は有り得ない新たなエネルギーを創り出し、存在する全てのものに何らかの影響を与える「新技術」と呼ばれる禁忌。

人類は「核」を手にしたものの、その事の大きさには全く対応出来ていない。悲劇が繰り返され、学び、考えるべき切り口は数々起これど、その本質を知り、解決の道に踏み出す動きはあまりに小さい。

東京オリンピックを誘致した首相の言は虚偽と無責任の極みで「福島原発は制御されている」。現実を認めず、切り捨てる。闇雲に進む迷路に出口は無い。

混迷から抜け出す力は知恵と人間同士がつなぐ手であろう。「with コロナ」などと傍観者の域を出ない浅薄な認識に満足するのではなく、人間同士が当たり前に共感し、不足を補い合う基本に還る事が大切である。「今だけ、金だけ、自分だけ」の世界とは決別した「be together」が今最も望まれる精神である事は間違いない。

保養所「かおりの郷」 快適な保養にむけて

管理部奮闘記

当会の、保養所「かおりの郷」は札幌市南区の八剣山の麓にあります。長期休暇時の集団での保養はもとより、通年利用ができます。利用が少ない時期には、浄化槽や庭、畑、居室などの管理が必要です。夏は、雑草との闘い、冬は除雪対策や水道凍結が心配されます。そこで活躍しているのが、かおりの郷管理部（運営委員）とボランティアのみなさん。おかげで、きれいに清潔に保たれています。

農業部会から

農業部会は、かおりの郷の畑で、野菜を栽培し、食事に供しています。今年は畑のお野菜を食べてくれるみなさんに来てもらえない事態になりましたが、例年通り植え付けを行いました。トマト、インゲン、エンドウ、ジャガイモ、ビーツなど、無農薬で元気に育っています。かおりの郷のハーブガーデンのお花たちは眺めてくれる人が少なくても、春から初夏へ次々と咲き誇っています。休日にでもお立ち寄りいただけるとうれしいです。野菜もハーブも今年の収穫物は会の資金源として活用する予定です。

＊地味ですが、不可欠な活動で、保養を支えています。

夏休み保養は楽しいよ～

2019年度 貸借対照表
2020年5月31日現在

特定非営利活動法人福島の子どもたちを守る会・北海道

（単位：円）

科　目		金　額	
Ⅰ　**資産の部**			
1．流動資産			
現金	123,155		
預金	10,142,325		
流動資産合計		10,265,480	
2．固定資産			
有形固定資産	0		
無形固定資産	0		
投資その他の資産（敷金）	107,200		
固定資産合計		107,200	
資産合計			10,372,680
Ⅱ　**負債の部**			
1．流動負債		0	
2．固定負債		0	
負債合計			0
Ⅲ　**正味財産の部**			
前期繰越正味財産	11,817,727		
当期正味財産増減額	▲1,445,047		
正味財産合計			10,372,680
負債及び正味財産合計			10,372,680

総会終了

7月11日　2019年度総会を開催し、活動報告、決算、活動計画、予算、役員改選すべて承認され2020年度活動がスタートしました。2020年は春休み、夏休みの保養が中止となりましたが、2021年は、福島原発事故から10年です。忘れない！事故は終わっていない！福島とつながっていこう！ という意味を込めて、3月11日中心にイベントを行う予定です。

貸借対照表

NPO法、守る会定款に沿って公示いたします。

＊NPO法人 福島の子どもたちを守る会・北海道＊ 携帯電話／ 090-6990-5447
〒060-0807 札幌市北区北7条西5丁目 ストークマンション 1003号
メール／ fkmamoru@gmail.com　URL ／ http://fukushimakids.org/
〈ゆうちょ振替口座〉特非 福島の子どもたちを守る会・北海道 02750-1-71422

④

2021年 〜これからも〜

　新型コロナによるパンデミックは未だ収束する気配がありません。

　一日も早い収束を願いつつ、福島のお母さんとお子さんに求められる限り、理事・運営委員一同、保養をつづけていく考えです。新たな保養の形も模索しています。

新聞で活動を知り　　(有) エイ・アンド・エイ　岩崎 冨美夫

　新聞で貴法人の活動を知り、微力ながらお役に立てればと弊社輸入のパスタを送らせていただいております。

　私たちの静岡県は東海沖地震を予測され、県中央には浜岡原子力発電所があります。東日本大震災と原発事故は、明日は我が身の出来事に思われました。特に目に見えない放射能汚染の恐怖は、コロナ禍を経験した今ではいかばかりだったかと想像します。浜岡原発が建設されるにあたり、ねむの木学園を浜岡町から掛川市の山あいに移転された宮城まり子さんの事が思い出されました。

　子供たちには放射能汚染を気にすることなく、のびのびと過ごすことはかけがえのないとても大切なことだと思います。そのためにご尽力されている、しかも継続していらっしゃる皆様に敬意を抱くとともに、関わりを持てたことに感謝しています。

　これからのご活躍を遠く静岡からお祈りいたします。

明けない夜はない

北日本ボイラ株式会社 代表取締役
菊地 孝夫

　"光陰矢の如し"　あの悪夢の震災から早10年を迎えようとしております。あの日のあの時間帯は、目を疑うような光景の報道が、永遠と続き、すべての放送局が、特別報道番組だったのが記憶に残っております。数ケ月後に、宮城県内の海岸に近い被災地に足を運び、津波の爪痕を目の当たりにした時、自然の驚異を改めて感じさせられた事を今でも思い出されます。

　あの未曽有の震災を、被災され避難生活を余儀なくされた、少年、少女達も、今年晴れて成人式を迎えられた方々も、数多くいらっしゃることでしょう。時間は何事もなく過ぎ去って行きますが、残された被災者皆様方は、生まれ慣れ親しんだふるさとの復興に、明け暮れる毎日で片時も"楽しい"思いなどすることなく、過ごされていると思うと、とても他人事とは思えませんでした。

　わが社でも、応援出来る事が何か無いか模索していた時に、福島の子どもを守る会との出会いが有り、微力では有りますが「かおりの郷」の運営に、役立てて頂ける様、遠方より応援を続けております。

　子どもたちが、一時でもこの北海道の地で、「かおりの郷」で心を癒され、自然の素晴らしさに触れられ、人とのふれあいの"楽しさ"を、感じてくれる時間に成る事を願ってやみません。

　昨年からのコロナ禍の中、人との接触を制限され、心の触れ合いを感じ取れない時代へと、変化しておりますが、たとえ時間か掛かろうと、子供たちの元気が戻るまでは、この活動を止めることなく応援して行きたいですね。

　"明けない夜は無い"　震災に負けず、コロナに負けず、みんなで前を向いて歩きましょう!

子どもの未来を守ることは

光星友愛認定こども園園長
廣川 衣恵

　2011年3月11日、午後2時46分。私は、当時、勤務していた北区役所の2階にいました。突然、これまであまり経験したことのない不気味な長い揺れ。事務室の移動式書庫が右に左にギシギシと動き、ただ事ではないと感じましたが、その後、テレビで次々と映し出される衝撃的な映像は予想を遥かに上回り、心の痛みと共に未だに忘れることができません。

　翌年の異動で、この大震災により札幌へ避難された皆さまとご縁ができるとは当時の私には予想し得ないことでした。街のため、市民の皆さまのため、長期的な計画や制度の運用を担う行政ですが、状況によって機能に限界があることを嫌というほど思い知らされました。ただ、その限界を補う力が札幌にはありました。福島の子どもたちを守る会が瞬く間に立ち上げられ、保養事業がスタートした時、どれほど誇らしく思ったことか。

子どもの未来を守ることは日本の未来を守ること! 10年継続されているこの素晴らしい活動が、日本の未来を守ると信じています。ありがとうございます。

月日の経つ速さを感じながら

特定非営利活動法人　太陽グループボランティアチーム

2011年3月11日に発生した東日本大震災から10年目。節目の年ではありますが、復興には未だ遠いとの声も聞きます。

貴団体とのお付き合いは、震災で大変な思いをされている福島に在住の親子の方々を蘭島にある弊社の保養施設へご招待させて頂いたことから始まります。初めて、海に入る子どもたちもおり、最初、海を怖がっていた子どもたちも次第に海にも慣れ、なかなか海からあがらない光景が今でも思い出されます。また、昼食にバーベキューを皆さんで行ったり、一緒にスイカ割りや砂浜で遊んだりしたことも、楽しい思い出です。

当時、小学生で保養に参加したお子さんが、今や、保養のボランティアのお手伝いをしている姿を拝見すると、成長を嬉しく思うと同時に月日の経つ早さを感じます。

保養に参加して頂いた皆さんの笑顔が、私たちボランティアチームの「明日の活力」となっています。

太陽グループ海の家

福島第一原発事故から10年に想う

かおりの郷オーナー　篠原 槇雄 + 篠原 扶志子

あれから10年。私たちが生きている間には、決して消えることのない放射能に汚染された土地。今度は、国は汚染水を海にたれ流そうとしています。その近くに住む子どもたちが、少しでも自由に気兼ねなく遊んだり、学んだりできるようにと提供した家ですが、このコロナの蔓延で昨年は実現できませんでした。

今年になってから、ちらほらとテレビなどで震災から10年という特集をみかけます。しかし、津波の被害からの復興の話ばかりです。早くコロナが終息してまた元気な子どもたちの笑顔が「かおりの郷」でみられるように願っています。

微力は無力じゃない

「僕らの街から」実行委員会代表
STV アナウンサー　吉川 典雄

　2011年の7月4日に、「音楽にも出来ることがある」という思いから立ち上げたチャリティライブイベント『僕らの街から』。初期衝動だけでスタートしたものの、実際に、被災地の皆さんにどういうアプローチをすればいいか全く分からなかった私たちにとって、『福島の子どもたちを守る会』との出会いはとても大きく、そのおかげで、私たちの活動も10年を迎えることが出来ました。心から感謝しています。

　この1年は、コロナの影響でライブイベントを全く開催することが出来ずに、もどかしい思いで過ごしてきましたが、それによって福島への思いやこのイベントの歩みを止めるわけには行きません。「微力は無力じゃない」…。この思いを胸に、これからも、福島の子どもたちを守る会を通じて肌で感じたことを音楽で伝え、それが一人でも多くの笑顔に繋がるように、活動を続けて行きたいと思っています。今後ともどうぞよろしくお願いします。

震災を風化させない、忘れない

札幌丸井三越労組　玉谷 謙一朗

　「福島の子どもたちを守る会・北海道」の10年間の活動に敬意を表するとともに、運営に携わる皆さま、いつも本当にありがとうございます。

　ご縁があって、保養のお手伝いや運営にあたって必要とする物の物品寄贈などをさせていただいております。いつも保養活動を通じて、子どもたちやご家族がストレスを感じることなく、笑顔で過ごしている姿が見られ嬉しく思うとともに、一方でまだまだ不安を抱えて過ごす方々がいらっしゃることも実感をします。

　当労組では、「震災を忘れない、風化させない」ことを念頭に様々な活動を行ってきました。10年が経過しても全てが復興したとは言えないと感じています。これからも震災がもたらした影響、復興を見守り、寄り添い、自分たちに何が出来るかを考えて活動をしていきたいと考えています。

　保養活動は、コロナ禍による影響で活動を中止せざるをえない状況でしたが、再開の際は子どもたちやご家族の笑顔に向けて、お手伝いをさせていただきますので、宜しくお願いいたします。
（三越伊勢丹グループ労働組合　北海道統括支部執行委員長）

この祈りを

日本聖公会札幌キリスト教会 牧師　大町 信也

　私は、北大正門に隣接している聖公会札幌キリスト教会で牧師を務めています。教会が「福島の子どもたちを守る会」の事務所からほど近い事もあり、今日まで皆様と親しい交わりをいただいて来ました事に感謝いたします。

　私共の教会では、東日本大震災から10年、そして東京電力福島第一原子力発電所の事故から10年、次のような祈りを捧げ続けてきました。

　「すべてのいのちの源である神よ、わたしたちはあなたによって委ねられた被造物を治めよとの命令に背き、自然資源を乱用し、原発事故によって自然と人々の生活を破壊しています。どうかこれらの罪をお赦しください。わたしたちがあなたの愛に立ち帰り、苦難の中にある人々を覚え、あらゆるいのちと共生できる原発のない世界を造り出す知恵と力をお与えください。」

　この祈りを現実の行動に現わし、原発事故によって傷ついた子どもたちと共に歩み、原発のない未来を共に造り出す事へと今後とも皆様と力を合わせていきたいと思います。

年度別保養参加者数

年度	回数	日数	世帯数	大人	中学生	小学生	幼児	乳児	合計(人)
2011	2	55	23	27	4	19	15	5	70
2012	3	44	35	36	2	32	20	9	99
2013	2	28	21	21	1	10	19	4	55
2014	2	25	21	22	3	20	10	3	58
2015	4	32	31	33	1	24	24	10	92
2016	2	31	23	23	2	21	17	9	72
2017	2	25	23	23	0	23	15	8	69
2018	2	20	22	22	2	17	21	4	66
2019	2	20	19	20	1	19	17	5	62
2020	コロナウィルスで中止								
会主催計	21	280	218	227	16	185	158	57	643
総計（守る会主催以外・個人グループでの「かおりの郷」を利用した保養含め）									817

（守る会による集計）

119

保養相談会の活動からみえる被災地の現状

311受入全国協議会共同代表・NPO法人みみをすますプロジェクト理事長　**みかみ めぐる**

311受入全国協議会（通称うけいれ全国）は2011年3月に発生した東日本大震災と東京電力福島第一原子力発電所事故による被災者の特に放射能被害者に対する保養の受け入れ支援を重点的に行う団体を全国的にネットワークして2012年9月に正式発足し、2021年1月現在58団体が加盟しています。

うけいれ全国で最も重要な活動のひとつが保養相談会で、小・中学校が夏休みに入る前に福島県内で毎年定期的に開催されてきました。

相談会には毎回保養プログラムを持ち寄って全国各地から40団体余りが参加し、それぞれの団体がブースを設けて来場者と直接向き合います。

来場者は直接受け入れ側と話し合うことで多くの情報を得ることができると同時に、放射能に対する不安をなかなか口にできない日常生活とは違う解放感が得られます。会場内には健康相談にも直接対応できる医師による「こころとからだの相談室」や心身をほぐして免疫力を高める手当法の専門窓口「快医学手当て隊」も併設しています。

保養相談会の来場者数は2018年度234組537人、2019年度225組515人と横ばい傾向にあり、保養のニーズが決して減っていないことが判ります。その理由として考えられるのは、2017年に区域外避難者（いわゆる「自主的避難者」）の住宅支援が打ち切られ、福島県に戻った方が「せめて子どもを保養だけでも行かせたい」と参加しはじめたことや、震災後に結婚して最近ママになった若いお母さんが子どもを持ったら被ばくが心配になって保養を探しているケースも目立ちます。そういう心配の背景には、原発事故から9年たっても人々の暮らしの中にホットスポットがまだまだ沢山存在していて、普段は口に出さなくても、潜在的に放射能を気にしているお母さんは少なくないと思われます。

保養に出かける人達は一年間に9,000人以上いるということが民間の調査で明らかになり、保養相談会も保養企画を求める人達の大事な出会いの場となっています。しかし、受け入れ活動は善意ある民間の人々の努力に支えられているばかりで、そうした活動を担ってきた団体は確実に疲弊しています。

チェルノブイリ事故があったウクライナでは国が主導して保養が続けられているように、日本も国が保養に出かけることや保養受け入れ活動をしっかりと支援すべきです。

コロナウイルス感染症の蔓延によって昨年は保養相談会も中止となり保養活動は大きく停滞させられました。大震災から満10年となる今年も色々と制約が多い中で工夫を余儀なくされていますが、私たちは今までの出会いと信頼を糧にしながら被災地のみなさんと励まし合っていきたいものです。

2011年3月13日　原発3号機爆発

"10年"

中手 聖一（守る会理事・福島市から転居）

　"10年" について考える機会が多くなりました。考えるほど言葉にならず、思いつくまま散文を書くことにしました。

風化

　福島原発事故を風化させてはいけないと思う。

　でも人は思い出さなくなることで、平静な生活を送れるものだとも思う。恐怖や不安を常に感じながら生きていては心が持たない。そして時が流れるにつれ、子どもへの心配も健康以上に教育費など目前のことが切実になり、生活に追われ事故を思い起こさなくなる。地震やコロナ禍などが起きた時に既視感とともに記憶が蘇る。それが人間の正常な反応で、それが風化なら否定しなくていい。

　しかし「事故を風化させない」という時の "風化" はそれとは別だ。復興の御旗で不都合な現実から目を逸らし、もう終わったことにしようとされる中で、意識して改めて見つめ直して今に位置づけること、そして次代へ伝えていくこと、それが風化させないことだと思う。過ちを二度と繰り返さないために。

何も解決していない

　「皆が福島事故を忘れて差別がなくなってほしい」という言葉を聞いたとき、原発事故が人災であり公害だと改めて思った。人をこんな思いにさせるのは、被害が今も続いているためだ。放射能汚染、事故収束、被害者救済、差別、考えてみれば何一つ解決していない。不安や恐怖の声は聞こえ難くなっても、無意識に心の底で眠っている。意識している人たちは、静かに防護や保養を続けている。

これからの10年

　守る会の活動に加わり発見したことがあった。事故当時は中高生だった人たちがいま親となり、子育ての中で放射能と原発事故について学んで保養に参加している方々のことを知った。また北海道でも「核のゴミ」問題を契機に原発や福島事故への関心が高まってきたように感じる。

　放射能は百年、万年単位の問題だが、福島事故から十年しか経っていない。人の命は限りがあり、これからの10年は私には大事な年月のはず。どう生きるか、何をすべきか、考えを深めていきたい。

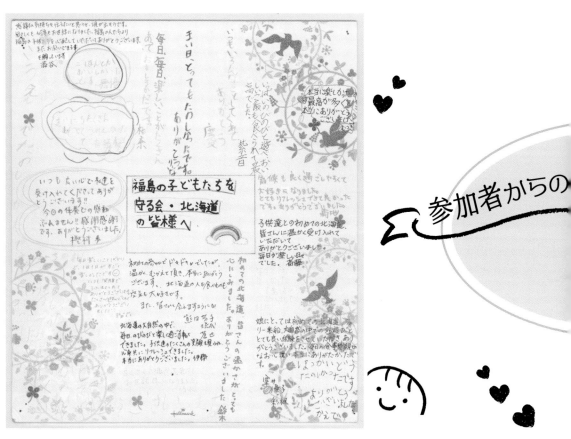

福島の子どもたちを
守る会・北海道
の皆様へ

参加者からの

福島の子どもを
守る会・北海道
の みなさまへ
2013.夏

寄せ書き

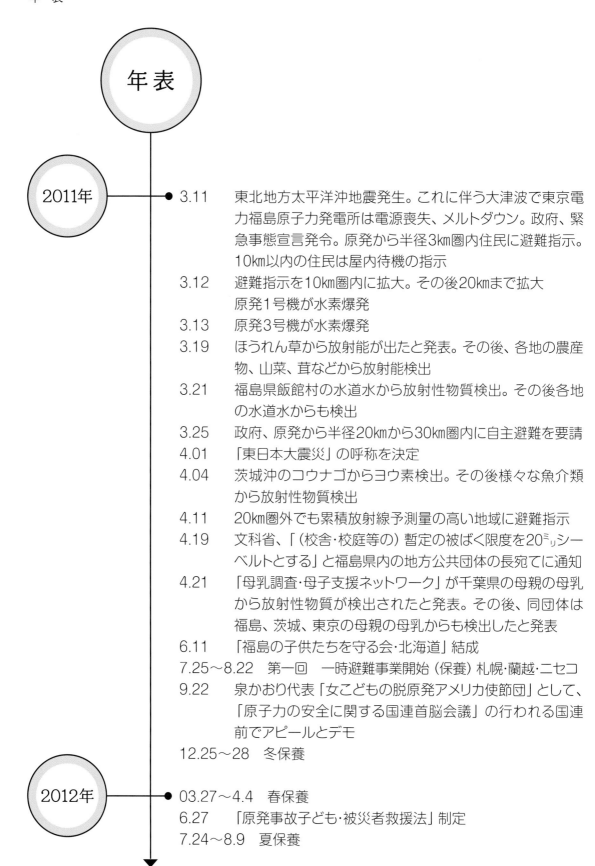

年表

2011年

3.11	東北地方太平洋沖地震発生。これに伴う大津波で東京電力福島原子力発電所は電源喪失、メルトダウン。政府、緊急事態宣言発令。原発から半径3km圏内住民に避難指示。10km以内の住民は屋内待機の指示
3.12	避難指示を10km圏内に拡大。その後20kmまで拡大原発1号機が水素爆発
3.13	原発3号機が水素爆発
3.19	ほうれん草から放射能が出たと発表。その後、各地の農産物、山菜、茸などから放射能検出
3.21	福島県飯館村の水道水から放射性物質検出。その後各地の水道水からも検出
3.25	政府、原発から半径20kmから30km圏内に自主避難を要請
4.01	「東日本大震災」の呼称を決定
4.04	茨城沖のコウナゴからヨウ素検出。その後様々な魚介類から放射性物質検出
4.11	20km圏外でも累積放射線予測量の高い地域に避難指示
4.19	文科省、「（校舎・校庭等の）暫定の被ばく限度を20ミリシーベルトとする」と福島県内の地方公共団体の長宛てに通知
4.21	「母乳調査・母子支援ネットワーク」が千葉県の母親の母乳から放射性物質が検出されたと発表。その後、同団体は福島、茨城、東京の母親の母乳からも検出したと発表
6.11	「福島の子供たちを守る会・北海道」結成

7.25～8.22　第一回　一時避難事業開始（保養）札幌・蘭越・ニセコ

9.22	泉かおり代表「女こどもの脱原発アメリカ使節団」として、「原子力の安全に関する国連首脳会議」の行われる国連前でアピールとデモ

12.25～28　冬保養

2012年

03.27～4.4　春保養

6.27	「原発事故子ども・被災者救援法」制定

7.24～8.9　夏保養

8.31〜9.13　矢内代表他2名、市役所職員とドイツを訪問し、ミュンヘン、シュッタットベルゲン、ベルリンで福島の置かれた現状を講演。→ミュンヘン市議会で「福島の子どもを守る決議」が採択された

12.20〜13.1.8　冬保養

12.26　「福島の子どもたちを守る会・北海道」NPO 法人設立総会

2013年

3.7　　泉かおり代表死去
　　　　矢内代表、ドイツ再訪（3月7日から14日）

3.30　「福島の子どもたちを守りたい!」出前授業×ストリートライブ in チカホ（札幌駅前通地下歩行空間・北大通交差点広場東）

6.3　　「北海道に福島の子供達の保養所をつくろう」講演会

7.24〜8.9　夏保養
　　　　日本ハムから札幌ドーム中田シートへ観戦招待

8.23　「福島の親子の保養施設を札幌に」チャリティライブ（エルプラザ）

2014年

3.10　「福島原発事故から3年、脱原発を決めたその後のドイツ」講演会／セバスチャン・ドイツ放射線防護協会会長　オイゲン・独日平和フォーラム代表

3.24〜4.6　春保養

4.5　　「福島のどもたちを守りたい!」出前授業×ストリートライブ in チカホ

4.19　「チェルノブィリは今!」講演会　ザムラ・ウクライナ小児病院医師&アンナ・コロレフスカ国立チェルノブイリ博物館副館長&松崎理事

5.24　「いま子どもがあぶない　福島原発事故から子どもを守る郡山集団疎開裁判」講演会　柳原敏夫弁護士

7.25〜8.8　夏保養

8.5　　「福島の子どもたちを守りたい!」チャリティライブ2014（エルプラザ）

10.5　福島の子どもたちの保養所「かおりの郷」オープン

10.23〜24　ドイツ・シュミット一家かおりの郷視察・宿泊

10.24　ドイツ環境保護連盟、かおりの郷視察

12.23〜29　「うけいれ隊」冬休み保養・かおりの郷で宿泊（25人）

2015年

1.1〜1.6　かおりの郷で保養（試用期間）

3.15〜4.2　春保養　かおりの郷本格始動

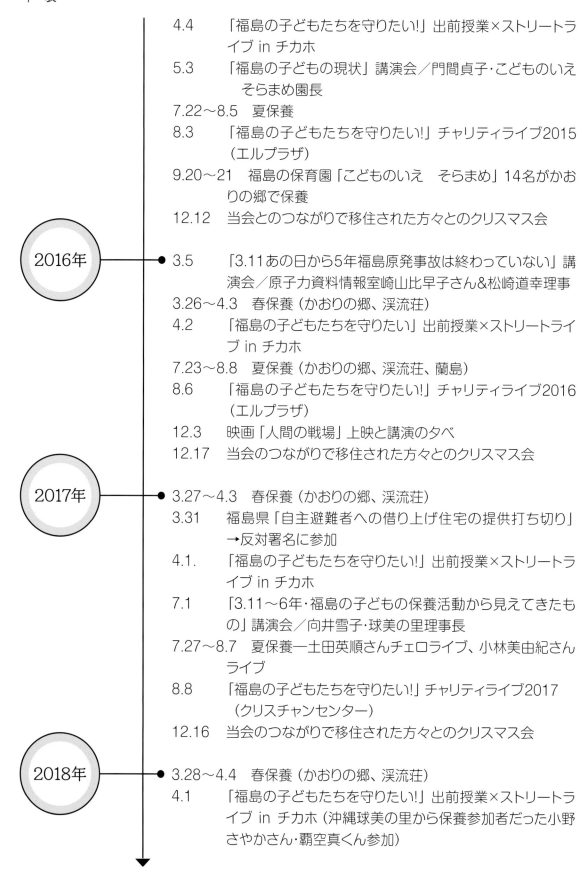

	4.4	「福島の子どもたちを守りたい!」出前授業×ストリートライブ in チカホ
	5.3	「福島の子どもの現状」講演会／門間貞子・こどものいえそらまめ園長
	7.22～8.5	夏保養
	8.3	「福島の子どもたちを守りたい!」チャリティライブ2015（エルプラザ）
	9.20～21	福島の保育園「こどものいえ　そらまめ」14名がかおりの郷で保養
	12.12	当会とのつながりで移住された方々とのクリスマス会
2016年	3.5	「3.11あの日から5年福島原発事故は終わっていない」講演会／原子力資料情報室崎山比早子さん&松崎道幸理事
	3.26～4.3	春保養（かおりの郷、渓流荘）
	4.2	「福島の子どもたちを守りたい」出前授業×ストリートライブ in チカホ
	7.23～8.8	夏保養（かおりの郷、渓流荘、蘭島）
	8.6	「福島の子どもたちを守りたい!」チャリティライブ2016（エルプラザ）
	12.3	映画「人間の戦場」上映と講演の夕べ
	12.17	当会のつながりで移住された方々とのクリスマス会
2017年	3.27～4.3	春保養（かおりの郷、渓流荘）
	3.31	福島県「自主避難者への借り上げ住宅の提供打ち切り」→反対署名に参加
	4.1.	「福島の子どもたちを守りたい!」出前授業×ストリートライブ in チカホ
	7.1	「3.11～6年・福島の子どもの保養活動から見えてきたもの」講演会／向井雪子・球美の里理事長
	7.27～8.7	夏保養―土田英順さんチェロライブ、小林美由紀さんライブ
	8.8	「福島の子どもたちを守りたい!」チャリティライブ2017（クリスチャンセンター）
	12.16	当会のつながりで移住された方々とのクリスマス会
2018年	3.28～4.4	春保養（かおりの郷、渓流荘）
	4.1	「福島の子どもたちを守りたい!」出前授業×ストリートライブ in チカホ（沖縄球美の里から保養参加者だった小野さやかさん・覇空真くん参加）

7.26～8.6　夏保養

8.5　　　「福島の子どもたちを守りたい!」チャリティライブ2018
　　　　（クリスチャンセンター）

9.6　　　北海道胆振東部地震発生

9.15　　「朗読劇　線量計が鳴る」中村敦夫公演（こぐま座）

10月末　定山渓札幌市役所共済組合「渓流荘」閉館

12.14　　当会のつながりで移住された方々とのクリスマス会&中手
　　　　聖一理事講演会

2019年

3.28～4.4　春保養

4.6　　　「福島の子どもたちを守りたい!」チャリティライブ in チカホ

7.25～8.5　夏保養

9.19　　東電刑事裁判3人の元役員に無罪判決

2020年

2　　　　新型コロナ（COVID-19）の感染拡大のため、春保養中
　　　　止決定

3.28　　「福島の子どもたちを守りたい!」チャリティライブ2020
　　　　（エルプラザ）

9.19～22　通年保養　7人かおりの郷利用

6　　　　新型コロナのため夏休み保養中止決定

2021年

2.20　　春休み保養中止決定

3月現在　原子力緊急事態宣言未だ発令中

4.3　　　「福島の子どもたちを守りたい!」チャリティライブ in チカホ

4.17　　3.11から10年「福島と私たち 昨日 今日 明日」
　　　　講演会・シンポジウム

　その他にも、様々な集会、講演会を開催した他、理事等が各地で講演させていただきました。毎月11日にはイオン・イエローレシートキャンペーンに参加、支援を受けています。チェルノブリ原発事故で被災したベラルーシの子どもたちを保養に招いてきた「チェルノブリの架け橋」や全国の保養受け入れ団体のネットワークを作ってくださった「受け入れ全国」などのNPO、守る会立ち上げからすぐに、多額の支援をいただいた自治体、企業、団体、個人、チャリティライブを続けてくださるアーティスト、ミュージシャンの皆さまに改めて感謝申し上げます。

編集後記

　今でも、はっきり覚えています。2011年3月11日。北海道も激しい揺れに襲われました。震源地は三陸沖。東北全域の揺れとそれに続く津波は、人々を、家々を、飛行機までも飲み込み押し流し、ついに、東京電力福島第一原子力発電所を襲い、全電源喪失・メルトダウン、大量の放射性物質が環境へ放出されました。愛する人を失い、住まいを失い、生業を失い、故郷を離れざるをえなかった、多くの人々、放射性物質が放出され続けている現実。恐怖はいかばかりだったでしょう。そんななかで、子どもたちを1日でも長く、1キロでも遠く放射性物質から離れることを目的に立ち上げた「福島の子どもたちを守る会・北海道」。怒涛のような活動を経て、7月に札幌に到着した福島の親子の方々とお会いしました。被災された悲嘆・苦しみ・喪失感は私たちの想像をはるかに上回っているに違いありません。「つらかったでしょう」と言いたかったのですが声になりませんでした。保養中には尿中のセシウム検査、甲状腺検査、食材検査なども実施してきました。外遊びで走り回る、草や土を触って喜ぶ、生まれて初めて海に入る、安心して食べることのできる食品…、被ばくしない、健康で文化的で安全な環境で育つことは子どもの権利です。それが奪われているのです。放射能の問題は千年万年の闘いです、気の遠くなるような時間を考えると、10年はまだ廃炉の入り口にも立っていません。

　この間、実に多くの組織、団体、個人の方からご支援をいただきました。改めて心より感謝申し上げます。また、編集作業は不慣れで、作家の矢口敦子運営委員と共に印刷のクルーズ様から大きなお助けをいただきながらの作業でした。いただいた原稿とこれまで発行してきたニュースレターを年ごとに添付しました。アマチュア感満載の活動記録をお読みいただけましたら幸いに存じます。団体名、所属先の記載のない方は、支援いただいている方、ボランティアの方です。

　守る会の活動は、脱原発運動ではありません。微力ですが、子どもたちの奪われた権利を取り戻すための活動です。これからも…。共に。

共に生きる
3.11から10年「福島の子どもたちを守る会・北海道」の歩み
2021年東日本大震災から10年の日に　初版　1刷発行

編　者：山口たか

発行者：NPO法人　福島の子どもたちを守る会・北海道
　　　　〒060-0807　札幌市北区北7条西5丁目　ストークマンション1003号
　　　　電話 090-6990-5447
　　　　fkmamoru@gmail.com　http://fukushimakids.org/

印刷所：株式会社クルーズ